职教教师科研工作实例操作丛书

U0749375

浙江省社科普及资助项目（编号：21KPWT01ZD-5YB）

职教科研结题与论文发表
实例分析

浙江省中华职业教育社 组织编写

陆海深 主审　　吴锡标 主编

浙江工商大学出版社
ZHEJIANG GONGSHANG UNIVERSITY PRESS

·杭州·

图书在版编目（CIP）数据

职教科研结题与论文发表实例分析 / 吴锡标主编.
— 杭州 ：浙江工商大学出版社，2021.6
（职教教师科研工作实例操作丛书 / 朱国锋主编）
ISBN 978-7-5178-4338-2

Ⅰ．①职… Ⅱ．①吴… Ⅲ．①职业教育－教育研究－
案例②职业教育－论文－写作－案例 Ⅳ．①G712

中国版本图书馆CIP数据核字(2021)第031480号

职教科研结题与论文发表实例分析
ZHIJIAO KEYAN JIETI YU LUNWEN FABIAO SHILI FENXI

陆海深　主审　吴锡标　主编

责任编辑　谭娟娟
封面设计　林朦朦
责任印制　包建辉
出版发行　浙江工商大学出版社
　　　　　　（杭州市教工路198号　邮政编码310012）
　　　　　　（E-mail：zjgsupress@163.com）
　　　　　　（网址：http://www.zjgsupress.com）
　　　　　　电话：0571-88904980，88831806（传真）
排　　版　杭州彩地电脑图文有限公司
印　　刷　杭州杭新印务有限公司
开　　本　710mm×1000mm　1/16
印　　张　17
字　　数　211千
版 印 次　2021年6月第1版　2021年6月第1次印刷
书　　号　ISBN 978-7-5178-4338-2
定　　价　50.00元

本丛书获浙江省社科联社科普及项目资助

立项编号：21KPWT01ZD

立项名称：职教教师科研工作实例操作丛书

组织单位：浙江省中华职业教育社

丛书总主审：

仇贻泓（浙江省中华职业教育社副主任、宣传教育委员会主任，省人力社保厅原副厅长）

丛书总主编：

朱国锋（浙江省中华职业教育社宣传教育委员会副主任、浙江交通职业技术学院教授）

/ 指导委员会 /

主　任：

仉贻泓（浙江省中华职业教育社副主任、宣传教育委员会主任，省人力
　　　社保厅原副厅长）

委　员：

于永明（浙江省中华职业教育社副主任，省教育厅党委委员、副厅长）

邢自霞（浙江省中华职业教育社副主任，省财政厅党组成员、副厅长）

郑亚莉（浙江省中华职业教育社副主任、交流合作委员会主任，浙江金
　　　融职业学院院长、教授）

潘云峰（浙江省中华职业教育社副主任、浙江荣盛建设有限公司总裁）

胡方亚（浙江省中华职业教育社副秘书长）

王志泉（浙江省中华职业教育社宣传教育委员会副主任、省教育厅二级
　　　巡视员）

洪在有（浙江省中华职业教育社宣传教育委员会副主任、省人力社保厅
　　　职业能力建设处副处长）

朱国锋（浙江省中华职业教育社宣传教育委员会副主任、浙江交通职业
　　　技术学院教授）

汪传魁（浙江省中华职业教育社社会服务委员会副主任、天成职业技术

学校董事长）

郑卫东（浙江省中华职业教育社社会服务委员会副主任，浙江纺织服装职业技术学院院长、教授）

高志刚（浙江省中华职业教育社社会服务委员会副主任、杭州市中策职业学校校长）

谢利根（浙江省社会科学界联合会党组成员、副主席）

程江平（浙江省教育科学研究院副院长）

周银波（浙江省人事教育指导服务中心主任、省职业技能教学研究所所长）

陆海深（浙江省人力资源和社会保障科学研究院副院长、副研究员）

陈　衍（中华职业教育社专家委员会委员，浙江工业大学职业技术教育研究所所长、教授）

胡新根（浙江东方职业技术学院院长、教授）

杜兰晓（浙江旅游职业学院院长、教授）

汤有祥（浙江宇翔职业技术学院院长、上墅教育集团董事长）

毛建卫（浙江工业职业技术学院校长）

胡晓杭（金华教育学院院长）

杨国强（杭州第一技师学院党委书记、院长、正高级讲师）

许红平（杭州萧山技师学院院长、教授）

阮强志（长兴技师学院院长、副书记、高级讲师）

施学斌（桐乡技师学院院长）

盛锡红（绍兴技师学院（筹）校长）

王钟宝（永康五金技师学院院长、永康市职业技术学校校长）

郑效其（杭州市开元商贸职业学校校长）

却　旦（杭州市乔司职业高级中学校长）

杨琼飞（杭州市旅游职业学校校长）

俞浩奇（宁波外事学校校长）

陈　列（宁波建设工程学校校长）

赵百源（柯桥区职业教育中心校长）

毛　芳（龙游县职业技术学校校长）

谢卫民（三门县职业中等专业学校校长、党委书记）

曾国健（丽水市龙泉市中等职业学校校长）

程新杰（杭州市计算机学校校长、"一技成"天赋教育联盟秘书长）

周燕波（衢州市南孔职业培训学校董事长）

张　旻（中国亚厦控股集团副总裁）

毛英俊（锦绣江山外国语学校董事长、浙江金和龙房地产公司董事长）

/ 总　序 /

王利月

（浙江省委统战部副部长、省中华职业教育社常务副主任）

　　职业教育与普通教育是两种不同的教育类型，但具有同等重要地位。随着我国经济社会发展，职业教育在社会主义现代化建设中的地位和作用更加突出，上升到"没有职业教育现代化就没有教育现代化"的高度。作为职业教育先进地区，浙江省一贯重视推进职业教育现代化建设，积极把职业教育融入"两个高水平"建设大局，致力于打造职业教育的"浙江样板"，并向"成为新时代全面展示中国特色社会主义制度优越性的重要窗口"的新定位、新目标积极努力。

　　拥有一支优秀的职业教育教师队伍，是推动职业教育进一步改革发展的关键。浙江省中华职业教育社作为省委省政府团结、联系职业教育界和民办教育界人士的桥梁和纽带，积极开展服务职业教育改革发展的各项工作。为助力职业教育教师队伍的培养，我们设立了"浙江省中华职业教育科研项目"，推动职业教育工作者积极开展科研活动，得到了广大职业教育工作者的热烈拥护和广泛好评。

　　职教科研是职业教育工作者的一种创造性认识活动。这种创造性认识活动的顺利开展，需要职业教育工作者特别是教师具备三方面的条件：

一是强烈的科研愿望，二是一定的科学研究能力，三是掌握一定的科研方法。当前，大部分职教教师能够深刻认识开展科研工作的意义，具有强烈的开展科研工作的愿望。但由于科研经验和能力的不足，许多教师在起步阶段不得要领，不知从何下手，一旦遇到挫折，比如申报浙江省中华职业教育科研项目未能成功，便渐渐失去开展科研工作的热情和耐心。这对于自身的进一步成长是不利的，也是非常可惜的。

为切实解答当前一线职教教师在科研工作中的实际困惑，更好地提高广大职教教师的科研能力，帮助职教教师成长成才，浙江省中华职业教育社邀请省内一些长期从事职教工作的专家和老师，编著了"职教教师科研工作实例操作丛书"。本套丛书不追求艰深的科学研究理论，而是力求让职教理论联系工作实际，以职业教育科研实践中遇到的实际问题为突破口，收集大量案例，注重示范性和操作性，致力于为一线职教教师开展科研工作提供有力指导，有很强的可读性。

这套丛书的作者们基于对职业教育的热爱，对职教科研的热爱，希望为职教教师们做一件有意义的事情。我深深感到，像这样致力于职教科研的老师再多一些，科研型教师的队伍再庞大一些，职教科研的前景一定会更加美好。我更加期望，职教教师在做好教学工作的同时，能够更加热爱职教科学研究，那么，我们的职业教育前景也一定会更加美好！

是为序。

/ 目　录 /

上　编

教育科研项目的结题

结题为项目（课题）研究工作的最后一个重要环节，是对项目是否完成预期任务、达到预期目标的判定。要顺利实现结题，就要全面了解和把握结题目标的达成、结题报告的撰写方法与技巧、结题申请的流程与要求、验收鉴定会组织及成果宣传推广等关键问题。

第一章　结题的意义与目标达成

结题是课题研究工作的最后阶段，是在课题研究任务完成后，将课题研究过程中搜集的大量材料，通过整理、总结、归纳、提炼，获得新的规律或提出新的见解，变成完整有序、科学规范的研究成果。通过结题这一环节，总结研究成果，并获得有关部门的成果鉴定和认可，从而使成果具有一定的权威性，便于推广、应用，并通过其对研究工作做出评价。

第一节　结题的意义

结题作为整个课题研究过程的重要环节，不仅是课题研究工作本身的需要，也是对课题研究成果做出合理评价的重要环节和有效手段。同时，结题工作也是课题管理工作的重要环节，不仅体现了课题的规范性、完整性，而且体现了课题管理工作的绩效与水平。

一、结题是课题研究的需要

一旦课题获准立项，课题研究者与课题管理部门就形成了一种约定俗成的契约关系，以正式结题方式呈现研究所取得的成果表示课题管理部门与研究者双方约定的研究任务的达成。

职业教育科研课题的来源十分广泛，有侧重理论的，有侧重实践的，也有兼而有之的；有系统的，也有局部的；有长期的，也有短期的。无论是哪种情形，一般来说，一个有价值、高质量的课题应该符合客观性、创新性、科学性和可行性等原则。同时，职业教育的课题研究还应体现实践性、时代性与生态性等原则。因此，所选的课题质量高低还表现在它是否是大家所关心并且迫切需要解决的现实问题。如果教师选择与这些方面相关的问题作为研究课题，解决别人没有解决的问题，那么该课题必定具有现实意义和学术价值。另外，研究的计划是否完善、周密也很重要，例如，条件控制、指标设定、材料搜集、数据统计和分析等都是制约研究质量的条件。因此，结题实际上就是对课题整个研究工作的归纳总结，是对研究任务和研究完成情况和质量的检测和督查。

二、结题是课题评价的需要

对科研成果的评价是对课题研究成果做出的价值判断，这是课题推广和获奖的重要依据。课题完成的质量如何，要通过结题加以评判。结题为研究者提供了听取专家及同行评议、反思自己研究存在的不足和问题的机会，有利于研究者找到问题，进行更深入的研究。同时，课题结题评价鉴定，也有助于研究成果得到社会认可，便于相关科研单位之间相互沟通，有利于推广研究成果。

当前，职业教育院校对于研究课题的结题工作重要性认识不足，多数不对课题结题成果做成果鉴定，重申报轻结题，仅凭一篇质量不高的论文或研究报告就草草结题的现象较为普遍。科研成果转化率也非常低，相当多的院校和研究者认为，只要基本满足承诺要求即可，甚至有些课题组提供的结题成果与原来设计的研究内容和预期成果之间并没有实际的必然联系。因此，重视课题的结题工作，对引领职教系统广大教育科研工作者以教育研究为先导，以科学严谨的态度进一步深化教育教学改革，掌握和探索教育教学规律，促进和提升教育教学质量，都具有重要作用和意义。

三、结题是课题管理的需要

一般来说，课题负责人及其所在单位科研管理部门，在课题完成后，应及时向主管单位提出结题申请，并预约结题时间，课题管理部门也应按照时限和课题结题管理要求，做好结题准备工作。在职业教育各类课题结题中，目前多为主管单位委托课题承担单位自行组织结题工作。因此，结题工作也是科研管理工作者履行课题管理职责的重要一环。由于课题的类型和结题要求不同，对课题结题的管理要求会有所不同。

从科研管理角度讲，通过结题，可以检测课题研究任务完成情况；可以使课题管理部门发现优秀的或有潜力的研究成果，从中甄选优秀成果并促进其推广、应用，发挥示范辐射作用；还可以为课题管理部门下一规划或下一阶段课题研究和管理提供参考意见，进一步改进和完善工作制度，激发广大教师和科研人员积极投身于教育科研工作。

第二节　结题的目标

一般来说，任何一个课题的研究目标都需要进行"三维"设计，即任务目标设计、成果目标设计、成效目标设计。因此，结题的目标就是要针对"任务目标""成果目标""成效目标"是否实现了确立结题目标并进行相关结题材料的整理。当然，不同类型的课题，结题的目标指向会有所不同。

以教育科研为例。我们知道教育科研的目的在于分析教育现象，以解决重要的教育理论或实践问题为导向。从事教育科研类课题，要符合科学研究的基本规范，就是要研究真问题，通过各种科学方法，遵循科学的认识过程，对收集到的与某些教育现象相关的事实材料进行科学的分析与认识，从而揭示教育现象的本质及运动变化的规律。同时，教育科研需要有科学假设和对研究问题的陈述，研究的问题要有明确的目标和可供检查的指标；需要有科学的研究设计，准确系统地观察、记录和分析，并收集可靠的资料数据；需要通过科学和适用的研究方法进行研究；需要依靠科学的逻辑性获得真实的研究结果。

另外，从教育科研的功能来看，教育科研具有思想上的反思功能，理论上的澄清功能，价值上的创造功能，方法上的示范功能。

因此，教育科研的结题目标不是单一的，除了完成既定的研究任务外，还要关注课题的学术价值和应用价值、对主要观点和创新点的提炼，即成果目标与成效目标两者不可或缺。

一般而言，教育科研成果可以是学术论文、著作、研究报告、软件类成果、教材类成果、教具和学具类成果、非物质教育教学产品、实验学校等等。

因此，结题的目标实际上就是一种特殊的研究成果表述形式。它不仅是对整个课题研究工作的总结，也是课题主管部门对研究成果及成效进行鉴定、评审、验收的依据。

最终的成果简报是结题的必备材料，主要用于介绍、宣传、推广及转化课题成果，可以将其看作结题目标的重要支撑之一。成果简报一般包括以下主要内容：

（1）课题研究的目的、意义、指导思想、理论基础。

（2）课题研究的主要内容及其方法。

（3）课题研究取得的主要成果，包括成果的主要内容、重要观点、主要结论、对策建议。

（4）研究成果的价值，包括成果的学术价值、创新之处、特色、实践意义、推广的范围和取得的社会效益。

（5）研究成果的目录，主要包括成果名称、形式、字数、出版单位或发表刊物的名称等。

（6）需要进一步研究的问题。除成果简报可以作为结题的成果目标外，专家鉴定、成果鉴定等级评价作为成效目标，也是结题的重要目标之一。

课题研究的成效如何，要由相关领域的专家对研究成果给出鉴定意见和等级评定。专家鉴定主要是对课题研究的科学性、创新性、理论性、效益型和规范性等进行评估，并对研究成果存在的不足及修改与完善提出具体意见和建议。成果鉴定等级是各个专家意见及评定的汇总，集中反映鉴定组对课题成果的鉴定意见。

实例1-1：专家鉴定

某市高等教育教学成果奖专家评价指标

指标名称：（略）

指标说明：（略）

一、成果形式（10分）

1. 成果名称准确，能恰当反映成果的主要内容和特征，能精确概括成果的内涵和属性；

2. 申报材料填写齐全规范、内容饱满，证明材料佐证力强。

二、方向性与针对性（15分）

1. 成果指导思想符合国家教育方针、政策和有关文件精神；

2. 成果内容属于教学领域改革、建设和管理范畴，立足于解决高等教育改革中的重要问题，针对性强。

三、先进性与创新性（30分）

1. 解决教育教学问题思路清晰、方法精确；

2. 成果在落实立德树人根本任务，创新人才培养模式，提高人才培养质量，促进学生全面成长的研究或实践上提出了新观点、新概念、新模式、新方法，具有创新性；

3. 成果报告、教材、论文、著作等在国内处于领先水平，具有导向性和示范性。

四、时效性和应用情况（30分）

1. 成果实施过程规范，实践检验时间符合评奖要求；

2. 成果在落实立德树人这一根本任务，提高人才培养质量，促进学生全面成长等方面成效明显，成果实施前后进步大；

3. 学生、教师、同行的评价较高，以及社会成果应用效果评价好、认可度高；

4.在同等水平的情况下，有国家级或本市级教育教学奖励、教改项目等支撑，且与成果的相关度高。

五、推广情况（15分）

1.在校外得到推广或被其他单位学习借鉴，推广效果好、受益面大、受益时限长。

2.潜在的推广价值和预期前景良好，有进一步拓展的空间。

特别说明

网络评审时间：（略）

实例1-2：评分表

全国教育科学规划课题评审评分表

评审内容	权重	评审标准				得分（百分制）
	1	A级（81—100分）	B级（61—80分）	C级（41—60分）	D级（0—40分）	
选题意义	0.2	有重要创新性或应用性	有比较重要的创新性或应用性	创新性或应用性一般	基本属于重复性工作	
研究基础	0.15	已有丰富的相关成果，熟悉研究现状，所列参考文献具有代表性	已有比较丰富的相关成果，比较熟悉研究现状，所列参考文献比较有代表性	已有一般相关研究成果，一般了解研究现状，所列参考文献有一定代表性	没有相关研究成果，不了解研究现状，所列参考文献没有代表性	

续　表

评审内容	权重 1	评审标准				得分（百分制）
		A级（81—100分）	B级（61—80分）	C级（41—60分）	D级（0—40分）	
课题设计	0.4	目标明确，内容充实，思路清晰	目标比较明确，内容比较充实，思路比较清晰	目标基本明确，内容基本充实，思路基本清晰	目标不够明确，内容空泛，思路模糊	
研究方法	0.15	方法适切	方法比较适切	方法基本适切	方法不当	
研究条件	0.1	完全具备	比较具备	一般条件	不具备	
总计						

注：总得分由全国教育科学规划领导小组办公室统计。

第三节　项目研究目标的达成

所谓课题研究目标，也就是课题最后要达到的目的。只有研究目标明确而具体，才能保障研究人员拥有清楚具体的研究方向，科学合理地确定重点和难点。

一般来讲，判断一项研究工作的成败与否，至少有 3 个关键点：选题的价值高低、研究方法是否妥当、研究成果如何呈现。

一、选择和确定研究课题是一项完整的研究工作的开端

选题的恰当与否，直接影响项目目标的达成情况。尽管职业教育研究课题的来源十分广泛，但是，能否真正发现和选择一个有价值的好课题并非易事。一个课题是否有价值，首先要看其是否具有理论价值和应用价值，能否服务决策、指导实践，这是职业教育科学研究工作的主要职能和重要的科研方向。

实例 1-3："构建现代职业教育制度的政策分析和对策研究"[1]实施方案

该研究的具体目标定为：

（1）用案例分析的形式了解发达国家（美国、德国、澳大利亚、日本等）职业教育发展和改革的经验、教训和趋势，重点了解上述国家

---

[1]江苏省教育科学"十一五"重大课题，主持人庄西真。

在职业教育制度建设方面的做法。

（2）用案例分析的形式总结我国职业教育发展的经验和教训，了解我国职业教育目前的现状，特别是职业教育制度建设方面的得失。

（3）对已有的与职业教育有关的主要制度进行分析。

（4）用案例分析方法全面总结某省职业教育发展和改革进程中的经验和存在的问题，通过分组、逐县（市）调研摸清某省职业教育现状。

（5）设计系列符合中国（以某省为例）经济社会发展需求和趋势的现代职业教育制度，并逐一提出相应的对策建议和实施途径。

阶段性成果：

论文：

《关于构建现代职业教育制度若干问题的思考》

《发达国家职业教育制度的特点以及对我国的启示》

《政府职责转换与职业学校效能的高低》

《改革以来我国职业教育发展的政策分析》

《高等职业教育制度的若干问题研究》

《非正式制度对我国职业教育发展的影响》

《地方教育行政部门管理职业教育机制探索：个案分析》

《职业学校自主权多大才合适：个案分析》

《现代职业学校制度手册》

报告：

《关于某省职业教育现状、问题与趋势的研究报告》

《构建现代职业教育制度的政策分析与对策研究的研究报告》

不难看到，从该课题选题、目标的确立，到阶段性成果的呈现，课题团队做了非常缜密细致的系统设计，立足实际进行分析考量，课题的理论价值与实践价值不言而喻。

二、教育科学研究是一项复杂的认识和实践活动，职业教育科研工作更是如此

在这项复杂的活动中，研究者会面临一系列问题，如：具体的研究问题该如何确立？采用什么样的研究方式和研究程序？用什么样的方法采集研究所需要的材料？如何对所收集到的各类材料进行分析和解释？如何将研究的结果清晰地告诉他人？等等。这就涉及教育科学的方法体系问题，即课题的基本思路、研究方式及具体的研究方法或技术线路。

方法论是指课题研究的基本思想或哲学基础，包括研究的基本假设、逻辑、原则、程序等方面。项目类型不同，研究的基本思路也有所不同。

研究方式是指研究采取的具体形式或研究的具体类型，主要是确定研究途径和研究路线。常用的研究方式主要有问卷法、访谈法、实验法、观察法、个案法、文献法等。研究目的和对象不同，需要采用不同的研究方式。

研究方法是指研究的各个阶段使用的具体方法技术，如以收集研究数据资料为主的方法有问卷法、量表法、询问记录法、观察记录法、统计数据法、文献资料法等。与不同的研究方式相对应，研究者可以采用多种不同的资料收集方法，如自填式问卷、结构式与无结构式访谈、参与观察与非参与观察、随机抽样等方法。分析数据资料的方法主要是统计法、数理方法等。为了达成项目的研究目标，一般是以一种方法为主，兼顾其他方法。

因此，在具体研究过程中，研究者一般根据研究课题的性质和所要达成的目标来构思方法论，并选择适合这一课题的研究方式和具体的研究方法和技术。

实例1-4:"多元文化背景下学生生活方式及价值观教育研究"课题[①]

该研究的具体目标定为:

针对多元文化所带来的挑战,通过调查研究,对中小学学生的生活方式和价值观进行重新审视,发现其存在的问题,探索多元文化背景下符合时代精神和素质教育要求的学生生活方式和价值观的教育内容、途径和方法,为我国学校德育工作适应文化多元、价值多元的趋势提供理论见识和操作模式,以提高新时期学校德育工作的现实性、针对性和有效性。

研究思路与方法:本研究集理论研究、实证研究与实践研究于一体。理论研究方面主要厘清多元文化与生活方式、价值观的内在关系,论证社会主义和谐社会核心的道德价值观,了解国外在多元文化背景下实施价值观教育的经验与问题。通过实证研究,主要了解在当前多元文化背景下中小学生的生活方式和价值观现状,并进行比较、差异性分析和因素分析。实践研究:一是针对中小学生生活方式和价值观中存在的问题,提出教育策略或建议;二是探讨理想的价值观教育模式并进行试验验证。研究总体遵循从理论到实践,从实证研究到应然建构、再到试验研究的路径。

研究的方法包括问卷调查、个别访谈和集体访谈、文献分析、理论论证和试验研究。

问卷的设计:根据中小学生的五大生活领域(学习、交往、消费、闲暇、家庭)和他们生活中常遇到的问题,设计《某省中小学生生活方式的调查问卷》;根据价值观的领域(政治价值观、经济价值观、文化价值观、

---

①江苏省教育科学"十一五"规划课题的重大课题,主持人冯建军,南京师范大学道德教育研究所。

生活价值观、人生价值观），结合中学生的实际，设计《某省中小学生价值观的调查问卷》。问卷在周密设计的基础上进行小范围试测，然后再进行大范围发放。

问卷调查样本选取的几个维度：①该省南、北、中3类地区；②城市、城镇、农村3种不同类型学校；③好、中、差不同办学水平学校；④随机抽样学生。涉及生活方式的问卷在小学高年级和初中发放，涉及价值观的问卷在初中和高中发放。

问卷发放的数量：涉及生活方式的问卷为3000份，涉及价值观的问卷为2000份。

访谈：按照上述几个维度，综合考虑学生的性别、父母的职业、文化程度及学生个人的学习表现等情况，选取有代表性的学生进行访谈，对共性问题进行集体访谈，对特殊类型的学生或特殊问题实行个别访谈。比如，城市的流动学生和农村的留守学生。做好访谈记录，访谈的资料可以加深我们对调查数据的理解，访谈中的典型可以作为案例材料使用。

文献分析和理论论证：对于西方实施价值观教育的研究，主要采用文献研究法；对于我国和谐社会中的核心价值观分析，采用文献分析和调查相结合的方法，在将有关学者对核心价值观研究成果及我国政府提出的核心价值观进行整理、分类的基础上，通过专家调查、公众调查、学生调查等，选取他们最认可的价值观进行理论论证。

试验研究：在探索多元文化背景下的价值观教育模式时，运用试验研究法。在对"价值引导和自主建构相结合"的价值观教育模式的理论基础、教育原则进行充分论证的基础上，选取两所不同中学的一两个班级在政治课或思想品德课教学方法、班队主题活动两方面进行实践探索，从而发现实践中的问题，总结经验，完善该模式的操作体系。

可以看出，该课题的目标、思路、方式和方法之间是相互联系的。

为了目标的达成，该课题相关负责人选择了理、实一体的研究思路，遵循从理论到实践，从实证研究到应然建构、再到试验研究的路径，并确立一套与之相应的具体方法和技术。

近年来，教育研究领域的关注重点逐渐由理论争辩、研究范式向复杂教育现象转移。在实用主义和复杂性理论的指导下，以教育问题为导向，教育研究领域越来越重视各种研究方法的互补、融通和整合，定量和定性方法结合的混合方法研究，这消除了单一研究方法的缺陷，正成为教育研究的新趋势。

不管怎样，任何科学研究都具有自由的思考和公开的程序这两个关键性特征，具有自觉性、组织性、系统性、客观性、继承性、创造性和探索性等特点。任何科学研究都由3个基本要素组成，即客观事实、科学理论和方法技术，因而需要研究者全面认识，准确把握。所有科学研究都是一个连续性的活动，由一个研究基本框架和一连串因果关系的步骤构成，其研究过程通常可分成若干步骤，即确定问题—查阅文献—搜集资料—分析资料—推导结论—修正假设。因此，研究方法的选择和研究步骤的确立非常重要。

同时，一个研究项目目标的达成需要注意以下5点：一是项目完成应有明确规定的期限，即使是长期项目，也应当有中间的期限；项目负责人要周密安排，用倒计时的方法，排列出各项工作的日程和最后期限，避免"两头热中间冷"现象。二是分工要合理化，各尽所能，量才使用。三是监督要体现人性化，使每个研究者都感到自己是整个研究团队的一分子。四是行为规则要明确，引导研究者促进相互之间的有效合作，排除对性别、年龄、民族、地域等方面的歧视。五是建立良好的研究环境和明确的学术道德规范，给每一个研究者提供表现主动性和创造性的机会，促进个人的专业发展。

三、研究结论是研究目标达成的最终体现

研究结论需要依靠一个载体有序而完整地呈现出来，这个载体就是研究报告、研究论文或其他研究成果。一份好的研究报告或研究论文要能够充分展现研究者的设计思路、研究方法、研究结论和研究价值。

裴娣娜在其《教育研究方法导论》[①]中指出，研究论文和研究报告是对研究成果、事件、情况、进展或者解释结果的陈述。

教育科学课题中的研究报告，按照时间序列可分为可行性研究报告、开题报告、阶段性研究报告、结题报告等；根据研究方法，又可分为观察报告、调查报告、实验报告、经验总结报告等；根据研究成果性质特点，划分为理论性学术报告（论文）、文献性研究报告、实证性研究报告等三大类。

理论性学术报告（论文）成果多以对某一事物、问题的理论性认识为主要内容，要求能提出新的观点或新的理论体系，向人们展示论点及理论体系形成的思维过程。

文献性研究报告是对文献的时间、人物、流派、主要观点的梳理，对理论发展过程和最新研究进展进行分析，归纳出本领域研究的特征和趋势。

在实证性研究报告中，事实材料是报告的主要构成，对研究方法与过程的说明，对确凿的事实和科学的操作的说明，一样都不能少。

总之，项目研究目标的达成，实际上是对项目研究工作全过程的系统性把控。它与项目研究目标的确立、项目研究方法的得当、项目研究成果的呈现等各环节紧密相连，也是科学撰写结题报告，体现科学性、创新性、理论性、规范性的重要支点。

---

①裴娣娜：《教育研究方法导论》，安徽教育出版社1995年版，第51—52页。

第二章　结题报告的撰写

　　科研项目管理是一个涵盖申请、立项、中期检查、结题等多个环节的全过程管理体系。其中，任何一个环节都关系课题研究的学术价值和社会效用，任何一个环节的缺位都可能影响整个课题评价的科学性和公正性。课题申请和立项作为科研课题研究的起步环节，得到了项目负责人的充分重视和关注，而立项后的中期检查和结题往往会被忽视，从而导致很多科研项目因无法完成研究任务而被终止甚至撤项。近年来，为了改善科研课题"重立项、轻结项"的现象，提高科研项目的结题率，提升项目研究的社会效益，项目主管单位纷纷加强了对科研项目研究的过程管理，尤其是对结题工作的管理。

　　结题是指科研项目组根据项目申请书或项目任务书的研究计划和安排，完成约定的研究任务、达到预期的研究目标后，按要求向项目主管单位提出结题申请，由项目主管单位进行评价，并给出是否予以结题的结论。结题是对科研项目研究成效的全面评价，而结题报告正是对项目整个研究过程和研究成果进行客观、全面总结后形成的总结性报告，是项目研究成效的集中体现，也是项目主管单位进行结题验收或者鉴定的主要依据。一份好的结题报告，是顺利通过结题申请的敲门砖，也是进一步升华研究成果、推广成果、明确后续工作或努力的新起点。

第一节　结题报告的类型

结题报告，是对项目负责人在科研项目结题时提交的总结性报告的统称。在结题管理实际操作过程中，项目主管单位会根据科研项目的研究性质、研究方法和预期成果形式等方面的不同，对结题报告的格式、内容做具体的规定和要求。通过对各项目主管单位的结题要求的梳理，可以将结题报告分为研究工作报告、研究报告、调研报告等。

一、研究工作报告

研究工作报告，也称研究工作总结，顾名思义，就是关于科研项目研究工作实施情况的报告，是指项目组在完成科研项目研究工作后，从组织管理的角度对项目研究过程进行全面梳理而形成的总结性材料，是对科研项目研究全过程的全面而真实的记录。研究工作报告，作为项目主管单位和结题验收专家了解项目研究工作开展情况最直观的材料，需要说明的问题主要包括以下几方面：

第一，项目是否按照预期计划执行。

第二，项目执行过程中采用什么方法开展研究。

第三，项目研究过程中数据和资料的收集情况如何。

第四，项目研究过程中产生了哪些研究成果。

第五，项目研究成果的数量、出版发表及应用情况如何。

第六，成果的主要创新点和突破点有哪些。

第七，成果的理论价值、实践应用价值及社会评价如何。

此外，在项目研究过程中如果对重要事项，如项目名称、项目研究的主要内容、项目负责人和主要参与人、项目研究期限、项目依托单位、项目成果形式等关键内容进行过调整的，也必须在报告中予以说明。

从目前各类课题所要求的结题材料来看，研究工作报告往往会被各项目主管单位列为结题申请书或者鉴定申请书中的必备内容进行填报，而不是作为结题申请时的一个独立材料。

作为全国教育科学规划课题的结题申请书，《全国教育科学规划课题的成果鉴定申请审批书》将"工作报告"列为第二部分要求填写的内容，并对工作报告的写法和内容做了具体规定，包括研究的主要过程和活动；研究计划执行情况；研究变更情况（课题负责人、课题名称、研究内容、成果形式、管理单位、完成时间等）；成果的出版、发表情况，采纳、转载、引用、实践情况；等等。

《国家社会科学基金项目鉴定结项审批书》的第二板块为"总结报告"，要求填写的内容是：项目预期研究计划的执行情况；成果研究内容及方法的创新程度、突出的特色和主要建树；资料收集和数据采集情况；成果的学术价值和应用价值，以及社会影响和效益；成果存在的不足或欠缺，尚需深入研究的问题；等等。

《浙江省哲学社会科学规划课题鉴定结题审批书》的"总结报告"同样是在第二部分填写，要求说明的内容与国家社科基金项目的要求基本相同，只是增加了一条"6.完成原课题申报表中预期成果目标的情况，如未完成或有调整，请说明原因"。

教育部人文社科一般项目的《终结报告书》表2"项目完成的总体情况"中，只对研究工作总结列出了两条内容：项目研究计划的执行情况、所取得的成绩和存在的问题等。

浙江省教育厅一般科研项目结题鉴定表《浙江省教育厅科研项目结题报告》中的第一项内容便是"工作总结"。

从各项目主管单位规定的研究工作报告需要提交的内容可以看出，研究工作报告更多是陈述性梳理和汇总，简洁明了地将项目情况说清楚即可，因此对其篇幅的要求都不是很高：全国教育科学规划课题的工作总结要求不超过2000字，教育部人文社科项目要求在1500字以内，国家社会科学基金课题和浙江省哲学社会科学规划课题要求总结报告的字数控制在4000字以内。

二、研究报告

研究报告，与研究工作报告虽然只差了两个字，但所需要展现的内容却有很大差别。研究工作报告着重是对研究工作过程的总结，而研究报告的侧重点是对研究成果的总结和提炼，是科研项目研究成效最集中的体现。因此，研究报告作为项目组完成一项科研课题的成果报告，需要向项目主管部门和结题评审专家展示项目研究中最具理论价值、最有创新性或实践性最强的那部分成果，其也是项目主管部门和结题评审专家对科研项目研究成效进行评价的重要依据。

与研究工作总结相比，研究报告体现的是科研项目研究的理论核心和研究价值，具有明显的学术性，包含的主要内容是：明确的研究目标、科学的研究方法、理性的论证分析、明确的学术观点（或对策性建议、意见）、创造性的研究成果等。

那么，是否每一类科研项目结题时都必须提交研究报告？如前所述，研究报告是项目研究的一份成果报告，实际上是项目研究成果的一种形式。因此，项目负责人申请项目结题时，是否需要提交研究报告，视项目主管单位的结题成果要求而定。

《全国教育科学规划课题的成果鉴定申请审批书》中规定，"研究总报告是课题立项单位向外界公开课题研究成果的文件，是课题鉴定的成果主件"，并将研究总报告列为审批书的附件1。可见，研究总报告是全国教育科学规划课题申请成果鉴定的必备材料。

浙江省教育科学规划课题要求结题时，报送《浙江省教育科学规划研究课题结题申请表》，并附课题研究成果报告。

《浙江省科技计划（专项、基金）项目验收管理办法》第八条规定：省科技计划项目申请项目验收，需通过浙江省科技项目管理系统向项目验收组织单位提交验收申请材料，其中第三项内容即为项目科技报告（软科学项目的成果主要形式就是研究报告）。

那么，项目结题时对研究报告未做必须要求的科研项目，对于研究报告的要求又是怎么样的？试看下面几类科研项目的结题要求。

浙江省教育厅在组织申报一般科研项目时，将预期成果分为论文成果、软件成果、研究报告、著作/教材等出版物、专利等类型，由项目负责人在申请书中进行选择，并在项目立项文件中予以确认。项目组完成研究任务申请结题时，需要提交的材料包括《浙江省教育厅科研项目结题报告》和立项文件中确定的研究成果。因此，只有在项目申请时将研究报告列为项目研究成果的科研项目，才必须在申请结题时撰写和提交研究报告；而且这个研究报告并非随意完成，需要得到相应级别领导的肯定或相关部门的采纳应用才能作为结题依据。

浙江省哲学社会科学规划课题也采用预期成果确认的方式，决定项目结题申请是否需要提交研究报告。《浙江省哲学社会科学规划课题管理办法》第二十七条对省社会科学规划课题以研究报告为成果形式的要求是：成果形式为研究报告的，结项时须递交不少于25 000字的完整研究报告，有 2 篇阶段性成果入编省社科联《浙江社科要报》，并有 1 篇获省领导肯定性批示。

《教育部人文社会科学研究一般项目成果鉴定和结项有关规定》对于教育部一般人文社科研究项目结项申请和鉴定材料的要求为：著作类成果已经完成（不限是否出版），论文类成果已正式发表，研究咨询报告类成果有实际应用部门的采纳证明（注明采纳内容及价值）。同时规定，预期最终成果为研究报告的，如"研究咨询报告提出的理论观点、政策建议等被地（市）级以上党政领导机关或大型企事业单位采纳并取得实际效果"的，可以免于鉴定。

需要特别强调的是，上述两类情况从结题材料准备的角度对研究报告做了不同规定。同样，对提交的研究报告要求也不相同。浙江省社科规划课题、教育部人文社科一般项目中作为研究成果提交的研究报告，必须提供其学术价值和实践意义的佐证材料，如省领导的肯定性批示、实际应用部门的采纳证明等。

三、调研报告

调研报告是调研类科研项目研究完成后形成的调研成果报告，同时也是调研类科研项目的主要成果形式。孙西克在《调研报告写作谈之一：理论篇》中，对调研报告做的定义是：

调研报告是作者对某一特定对象进行深入细致的调查及对调查所获的所有材料进行去粗取精、去伪存真、由此及彼、由表及里的分析研究，并得出理性的、规律性的认识后，所写出的书面报告。这个概念有 4 个要点：第一，调研报告有特定的调查和研究对象，这个对象可以是某一事件、现象、问题，也可以是某一区域、系统、单位，甚至是个人。某一事件如宜万铁路岩崩事件，某一现象如宗教现象，某一区域如某省、某市、某县，某一系统如卫生系统，某一个人如某先进人物或某特殊人物。第二，必须进行深入细致的调查，取得第一手资料。第三，必须认真研究调查所得的材料。也就是说，这个报告不仅必须以事实为依据，有对客观现象进行真实有序的描述，而且还要有对事物的本质和发展演变规律进行揭示。第四，必须形成文字的书面报告，而不是口头报告。

但调研报告的内容也不仅针对调研成果，在部分研究类科研项目的研究过程中，因研究工作需要就项目研究的某一部分内容开展调研后，也可形成调研报告，只是这一类调研报告不作为项目结题鉴定的主要依据，一般会以附件形式提供给项目主管单位和验收专家，作为评定项目研究成效的辅助材料。

调研报告是项目组基于科研项目的研究目的，针对需要研究的某一问题，进行深入实际的调查了解，掌握客观实际情况，寻找本质规律，总结经验并提出对策建议后，最终形成的总结性报告。调研报告的核心是实事求是，用调查得来的事实材料真实地反映和分析客观事实，得出研究结论，并提出相应对策建议和意见。如果调研报告失去了真实性，也就失去了它赖以存在的科学价值和应用价值。

下面以2021年度浙江省社科联"三服务"调研专项课题的申报和成果要求为例，做一说明。

2021年度浙江省社科联"三服务"调研专项要求课题申报者紧紧围绕浙江省决胜全面建成小康社会的战略部署，聚焦应对风险挑战、聚力破除瓶颈制约，重点在统筹当前疫情防控与复工复产，推进数字经济"一号工程"、推进长三角一体化、推动民营经济高质量发展，以及在解决民生难题、基层实际问题等方面开展调查研究，建言献策，提出具有针对性、可操作性的对策建议。

专项课题以成果进行申报，成果形式为供决策参阅的成果要报或调研报告。成果要报要有基于调研事实的数据案例、问题分析和对策建议，字数为3000字；调研报告以问题调研或经验总结的形式，在实地走访与资料调取、实证研究与数据分析的基础上撰写而成，字数为7000字。

课题申报通知从选题到成果要求，始终以实事求是的原则为重要导向，强调从经济社会发展面临的实际问题出发，以实地调研走访和资料调取的方式，通过基于调研事实的实证研究与分析进行经验总结，并提出对策建议。

第二节　结题报告的结构

作为用于科研项目结题验收或鉴定的专门性报告，结题报告的结构是否完整、条理是否清晰、内容是否翔实，直接关系到项目结题验收或鉴定结论，特别是在采用免于鉴定和通信鉴定的结题鉴定形式中，结题报告相当于项目组的"代言人"。

如何让这个"代言人"全面、准确地向项目验收单位和鉴定专家展示项目研究内容和研究成果，是顺利完成科研项目结题验收这"最后一公里"的关键。那么，一份结构完整、条理清晰、内容翔实、重点突出的结题报告应该是由哪几部分构成？

工作总结报告在前述内容中已经介绍过，在此不做赘述。本节重点介绍的是研究报告和调研报告的结构。

一、研究报告的结构

如前所述，研究报告要展现的是项目研究中最核心的理论价值和实践创新、最有价值的研究成果及所产生的经济、社会效益。基于研究报告的这些属性，一般可以用"3个问题"来搭建研究报告的总体框架，即"为什么要开展项目研究？""怎样开展项目研究？"和"项目研究取得了什么成果？"。

仔细分析这3个问题所涵盖的内容，作为立项依据的必填内容，其实项目负责人申请科研项目时，已经在项目申报书和项目申请活页（或可行性报告）中做了阐述和具体安排。研究报告是对项目研究的总结，也是对项目申报书和项目申请活页（或可行性报告）中相关内容的论证。因此，在研究报告中回答这 3 个问题时，应与项目申请书和活页（或可行性报告）的对应内容相一致，除非项目研究内容做过重大变更，并已办理相关变更手续。

1. 为什么要开展项目研究？

开展项目研究，是对科研项目研究理论价值和实践意义最直接的说明。这个问题主要从项目研究背景、国内外相关领域的研究现状等予以回答。

在撰写研究报告时，对项目研究背景、国内外研究现状的阐述不能脱离项目申请书中填报的内容，但在项目研究周期内，相关情况可能有所变化。因此，在研究报告中，可以根据该研究领域的发展变化、国内外学者研究的最新进展及项目组在研究过程中遇到的新问题、发现的新现象进行补充和扩展，为论证项目研究意义提供更为充实的理论和现实支撑。

对国内外研究现状的综述，与写立项申请书一样，不能简单地罗列文献，而应该做出述评，即应明确都有哪些人、在哪些领域、从哪些角度、用什么方法进行研究，目前取得了哪些成果，还存在什么问题，还有哪些领域没有涉及或研究得不够深入；基于已有的研究，着重阐述本项目从什么角度、用什么方法、采取怎样的思路进行研究。同时应该注意的是，撰写国内外研究现状综述时，一定要尽量全面地检索国内外相关文献。

2. 怎样开展项目研究？

怎样开展项目研究，需要回答的内容包括项目研究基于什么理论、以什么为目标、研究什么内容、用什么方法开展研究。

关于这个问题，重点是要讲清楚项目研究的理论依据、设定的研究目标和具体的研究内容，以及为了完成研究内容和实现研究目标而实施的项目研究方案、采用的研究方法和具体的研究步骤等。

第一，项目研究的理论依据。对于项目研究理论依据的陈述，一定要围绕项目的需要进行高度概括，并明确具体且有针对性地列出研究所依据的若干个理论观点或政策。既然是作为项目研究的理论依据，必须保证所依据的理论观点或政策具有科学性和先进性，这是项目研究开展并得以顺利完成的逻辑起点。

第二，项目研究的目标。科研项目的研究目标，体现的是项目研究的方向和最终要达到的目的，是项目申请人在立项申请时做出的承诺，也是项目获准立项的重要依据。科研项目预期研究目标的完成情况，是项目主管单位和结题鉴定专家评定项目研究是否合格、能否通过验收的重要指标。在此建议，申请人在申请课题的过程中，不要为了获得立项而过多承诺预期成果，一定要量力而行、适可而止。因此，研究报告中对项目研究目标完成情况的说明，一定要紧扣立项时的预期目标。若存在部分研究指标未完成的情况，要对其做出充分的解释和说明。同时，在陈述项目研究目标时，要注意研究成果是研究目标的载体，完成的研究目标应该在后面陈列的研究成果中有所体现。

第三，项目研究的内容。项目研究的内容实际上是研究目标的具体细化，也是对项目研究范畴的说明。因此，在撰写与结题报告有关的项目研究主要内容时，除了要与项目申报时的研究内容相统一，还应该与研究目标相对应。同时，对项目研究内容的陈述应该做到简明扼要、准确中肯，不要有过多的描述性内容，更不要将具体措施作为内容在该部分进行陈述。

第四，项目研究的方法。撰写项目申请书时，已经对本项目拟采用的研究方法进行了简单说明，结题报告中对研究方法的陈述应该是针对申请书中列举的研究方法，在总结研究目标和内容完成情况时稍加说明即可。

研究报告中对项目研究计划和步骤陈述的着力点在于计划和方案的执行情况。因此，在撰写这部分内容时，一定要仔细阅读项目立项时的研究进度计划，通过回顾、梳理、归纳，重点说明项目研究的时间节点安排、所采取的措施和策略。

3. 取得哪些研究成果？

研究取得了哪些成果，也可以理解为研究解决了哪些问题。这部分内容是向验收或鉴定专家展示项目研究成效、体现项目研究价值的部分，是整个研究报告的重点。在总结项目研究成果时，不仅要具体陈述项目研究取得的论文、专著、研究报告、专利等成果，还要对项目研究特色和创新点进行提炼，并对项目所产生的社会效益或经济效益进行阐述。在此基础上，还应对项目研究存在的问题及下一步的研究或者工作计划做出简要说明。

张菁等撰写的《教育科研结题研究报告：需要回答好"三个问题"》一文，从科研项目管理角度，对研究成果部分的撰写给出了值得借鉴的建议：

研究成果部分是研究报告中最重要的部分，是准确全面地反映科研项目的研究情况，并使其具有推广、借鉴价值的关键。撰写研究成果时要对整个研究过程进行重新审视，并要认真审视研究成果如调研报告、研究论文里的观点。有些课题的负责人在研究过程中撰写了多篇学术论文或调研报告。这些学术论文、调研报告，就是课题研究的部分成果。在总结研究成果时，要将这些论文、调研报告里的主要观点进行提炼、归纳并加进去。有的课题负责人在结题报告中陈述所取得的成果时，常用详见某某论文。这样的陈述不合理。如果把一个课题分为几个子课题来研究，在结题报告的成果表述中，也要将这几个子课题研究的成果进行提炼、归纳。在提炼、归纳时，应注意不要只是简单地罗列各个子课题的主要成果，而应融会所有子课题的主要研究成果，归纳出几点。同时，也应注意这些子课题的研究成果必须体现出其所确定的研究目标。有些课题负责人在总结研究成果时，提炼的核心概念表述得不够具体化或顾此失彼。因此，研究成果的表述要强调规范性，注重逻辑体系的关联。

研究成果既要注重实践成果，也要注重理论成果。很多课题负责人在结题报告中总结研究成果时讲述了很多实践成果，包括解决的实际问题，却忽视了理论成果。而研究成果包括理论成果和实践成果两部分。如果只讲实践成果却忽略了对理论成果的总结，那么课题研究的借鉴和推广价值往往不易体现。而通常所说的理论成果，就是我们通过研究得到的新观点、新认识，或者新的策略、新的教学模式等等。这些新观点、新认识、新策略、新模式，又往往与我们在"研究目标"或"研究内容"中所确定要达到的成果联系密切。

在总结课题研究中存在的主要问题及下一步需深入研究的问题时，应听取多方建议，准确、中肯地寻找一些应研究但因其他原因未进行研究的、已进行研究但因为条件限制而未取得结果的、与本课题有关但未列入本课题研究重点的问题等，并简要陈述后续研究工作将如何开展。

二、调研报告的结构

针对调研类科研项目，按其名称来理解，可以将项目研究工作分为调查工作和研究工作，就是用调查得来的事实材料说明问题、阐明观点，并揭示出规律性的问题，引出符合客观、实际结论的研究过程。作为调研类项目的研究成果，调研报告是调查研究的直接产物，是对调查研究成果的直接表述。因此，从结构上可将调研报告正文分为两个主要部分，即调查工作总结和研究分析报告。

1. 调查工作总结

撰写调研报告，要坚持实事求是的原则，以客观事实为基础，保证一切的分析研究都建立在事实的基础上。只有用事实说话，才能提供解决问题的经验和方法，研究结论才能有说服力。

调查，就是要深入实际，通过查阅资料、调查问卷、实地走访等形式，获取第一手资料，掌握第一手数据，确保调研报告中的各种情况、事实、数字、引用资料等都出之有据且真实可靠、准确无误，这是保证调研报告科学性、真实性的重要前提。

那么，如何向项目主管单位或成果应用单位证明调查工作的真实性和有效性呢？这就是总结调查工作时所需要承担的重要任务。

调查工作总结，就是要用叙述的方式，将项目参与人员、调查时间、调查地点、调查方法、调查对象、数据和资料的获得与筛选等信息，准确真实地在报告中予以呈现，不能有半点夸大和虚假。

调查工作总结的意义主要在于：通过对调查过程具体、详细、真实的描述，强化调查工作的真实性，保证调研数据的可追溯，证明调研结果的有效性。调查工作总结的作用在于为后面的研究分析提供事实支撑。因此，这部分内容的篇幅不用太长，用简明扼要的语言把事实陈述清楚即可。

2. 研究分析报告

调查研究的出发点和落脚点是"求是"。"求是"是调研报告最重要的特征。"是"就是客观事物的内部联系，即规律性；"求"就是研究。调查不研究，意义不大，必须经过研究，揭示事物的本质和规律性，把握事物的发展趋势，这是研究工作中的重中之重。

研究分析报告，就是在调查工作总结的基础上，依据调查获取的数据和资料，通过对最能说明问题的材料的科学分析，在揭示调研问题存在的内外因基础上，探索问题的解决路径和方法的总结性报告。

那么，研究分析报告应该包含哪些内容？

第一，对数据资料整理分析的过程进行说明。在调查过程中，往往因为不确定哪些材料可以被采用，而按照多多益善的方式搜集材料。但到了研究分析阶段，应该围绕项目研究主题对材料进行分析提炼，按照精益求精的原则，对调查获得的数据和资料进行整理和分析。

第二，调研主题现状和问题分析。通过分类、比较、统计、综合、归纳等方法，对通过调查了解的各类材料进行由此及彼、由表及里的研究，分析调研主题当前的发展现状或存在的问题，探究问题产生的原因，并在此基础上提炼出自己的观点。

第三，提出对策措施。调研类科研项目以解决政治、经济、文化等领域中最迫切需要解决的或突发性的理论或现实问题为目的。因此，调研报告的落脚点应该是在如何解决问题，即要提出针对调研主题的对策和措施。

以上 3 个部分构成了研究分析报告的主体，同时也是整篇调研报告最核心的部分，是调研类科研项目学术价值和应用价值的集中体现。

第三节　结题报告的格式要求

明确了结题报告的类型和结构，了解了结题报告主要应该呈现的内容，那么，结题报告的撰写应该以什么样的文本格式组织内容呢？

一、结题报告格式

对于结题报告的格式，有些项目主管部门做了具体规定。下面以全国教育科学规划课题结题报告和浙江省科技计划项目科技报告的格式要求为例予以说明。

实例 2-1：研究总报告格式

全国教育科学规划课题的成果鉴定申请审批书，对工作总结报告只是规定了具体的填写内容和字数要求，并未做格式要求；但对研究总报告的格式做了明确的规定。

研究总报告

（不少于 3 万字，可另附页）

提示：研究总报告是课题立项单位向外界公开课题研究成果的文件，是课题鉴定的成果主件。

研究总报告格式

标识

×× 单位 ×× 课题负责人（姓名、专业技术职务）主持完成了 ×× 课题名称（课题批准号），课题组主要成员 ××、××（最多不超过 9 人）。

一、简介部分

1. 标　题

2. 摘要（不超过 500 字）

二、主体部分

1. 研究问题：研究目的—研究意义—研究假设—核心概念。

2. 研究背景和文献综述：理论基础—相关研究成果。

3. 研究程序：研究设计—研究对象—研究方法—技术路线。

4. 研究发现或结论。

5. 分析和讨论。

6. 建议（一是针对自身研究的缺陷，提出需要改进的事项；二是根据研究结论阐述获得的启示）。

三、主要成果

四、参考文献

五、附录（插图、表格、问卷等）

《浙江省科技计划（专项、基金）科技报告管理暂行办法》（浙科发计〔2018〕130 号）规定，浙江省科技计划项目结题时必须在线填报科技报告（软科学为研究报告），并在填报系统内对科技报告的格式做了具体规定。

科技报告的基本结构可以分为前置部分、正文部分和结尾部分。前置部分由封面、题目、前言、致谢、摘要、目次、插图和附件表单等构成，并对每一部分的编写格式做了要求，如：要求目次内容应包括章节序号、标题和页码；插图清单在前，附表清单在后，位置在目次之后另起页；等等。

正文部分的总体撰写要求是引言部分、主体部分、结论部分 3 部分内容齐全。

其中，"引言"和"结论"可以作为章标题，"主体""正文"等措词不能作为章标题。

主体部分自拟章节标题，对研究对象、研究过程和研究方法、技术和结果等进行描述；应完整描述研究工作的基本理论、研究假设、研究方法、试验/实验方法、研究过程等，应对使用到的关键装置、仪表仪器、原材料等进行描述和说明；科技报告全文中应少涉及或不涉及组织管理方面的内容，不包含项目财务信息。

结论部分主要归纳阐述有关研究成果、研究发现、创新点，以及问题、经验和建议等内容，可以评价研究成果的作用、影响及应用前景等，还可以对下一步的工作设想、未来的研究活动、存在的问题及解决办法等提出一系列的行动建议。在撰写结论部分，可以"结论"或者"结论与建议"作为章标题。

参考文献的著录项目和著录格式应符合 GB/T 7714—2015 的规定。科技报告中所有被引用的文献都应列入参考文献，且参考文献不宜分列在各章之后，应另起一页集中列于正文最后（结论之后，附录之前）等。

实例 2-2：科技报告范例

"污水处理中固液两相介质混合泵送关键技术"
工作总结报告 [1]

一、项目基本情况

1. 立项依据

浙江省是水资源大省，河流、湖泊众多，城市内的河流、湖泊更是比比皆是。浙江卫视《寻找可游泳的河》这档节目把污水治理提高到了

_____

①该部分系衢州学院博士张玉良主持完成的浙江省公益技术研究工业项目（重点）"污水处理中固液两相介质混合泵送关键技术"（项目编号：2015C31129）之总结报告，本文引用时做了缩减，只呈现主体部分，以供示范借鉴。

一个新的高度；2013 年底启动的"五水共治"（治污水、防洪水、排涝水、保供水、抓节水）工程更是把污水治理放到了"五水共治"的头等重要位置。在污水治理过程中，利用离心泵完成水力输送是污水处理中最经济、最普遍的一个输送方式……

但目前所使用的污水泵大都沿用清水泵设计方法辅以经验修正设计，没有考虑到固体颗粒对输送过程的影响，实际使用效果很不理想，经常造成磨损破坏，且运行可靠性较差。因此采用离心泵来输送含有固体颗粒的污水介质时，必须要考虑固体颗粒对离心泵性能的影响，即在设计和应用中必须要解决两个关键技术难题：一是由于磨损问题而导致的可靠性差和寿命短；二是由于存在固体物质，输送效率低。这两个关键技术难题的实质是基于不同固体属性的泵内固液两相流动机理及其对污水泵性能的影响，但这两个关键技术难题至今还未被很好地揭示和解决，一直制约着污水泵的研制和应用。

2. 项目承担人及团队情况

项目承担人所在单位为浙江省应用型建设试点示范学校，所在学科为浙江省优秀重点专业。项目承担人目前为浙江省空气动力装备技术创新服务平台建设基地项目组成员。本项目在实现污水泵研制的基础上，其研究结果可应用于机电设备优化设计、液压控制系统等，是所在平台与学科的重要分支研究方向之一，得到了所在平台与学科的双重支持。

项目承担人具有机械电子工程专业的博士学位，长期从事流体机械的优化设计、内流数值计算、外特性预测、流动仿真、理论分析、实验测试等领域科研工作，在流体输送技术领域具有较强的实际应用能力与丰富的实践经验。项目研究团队由多年从事相关专业科研与教学工作的教授、副教授、讲师及企业工程师组成，其中多人具有博士或硕士学位，并具有良好的长期合作关系。

本项目研究团队中有多名成员正在主持与本项目有相关性的国家自然科学基金、浙江省自然科学基金、浙江省科技厅公益性项目等多项科研项目，为本项目的顺利开展提供了良好支撑。

3. 项目的研究目的

针对污水输送过程中离心泵存在输送效率低和磨损严重两大问题，以固液两相离心泵为研究对象，拟通过理论分析、数值计算和实验测试等手段，重点研究固相属性（包括密度、粒径、浓度等）对固相运动轨迹及液相运动规律的影响，确定工况参数、固相属性参数、泵水力输送性能和过流部件磨损之间的相互关联，建立固相属性与污水泵各性能参数之间的关系式，揭示其流道内部磨损机理，最终提出以耐磨、提高效率和高通过能力为主线的高性能污水输送离心泵的水力设计方法，并完成样机研制。

4. 项目主要研究内容

本项目的主要研究内容可概括为如下几方面。

（1）污水泵内固液两相流动计算模型。

根据污水的实际状态，分析污水中的固相构成，考虑主要成分，忽略次要成分；对旋转流场中主要固相成分进行受力分析，将作用力进行分类，提出基于 $k-\varepsilon$ 湍流模型的污水泵内部固液两相流数值计算方法。

（2）污水泵水力输送性能与固相属性之间的关联研究。

获得输送介质中固相属性对污水泵水力输送性能的影响规律。据此建立固相属性与水力输送性能之间的关系式，并与输送单相流时的泵水力输送性能进行比较。

（3）污水泵内过流部件的磨损特性研究。

主要针对不同型线的叶轮流道开展污水泵的内外特性研究，通过分析泵内固相的运动轨迹和分布规律，获得固相参数对过流部件磨损的影响规律，并建立磨损量与固相属性之间的关系式。

（4）以耐磨和提高效率为主线的优化设计方法。

在全面获得固相物性参数、主要几何参数和工况参数对污水泵内过流部件磨损和水力输送性能影响规律的基础上，建立工况参数、固相属性、主要几何参数、泵外特性和泵内部磨损之间的相互关系，最终提出以耐磨、提高效率和高通过能力为设计主线的污水输送离心泵的水力设计方法，并据此完成污水泵样机设计、加工制造、样机试验与现场应用。

……

5. 技术方案与技术路线

本项目的基本研究思路如下：结合已有的研究基础和成果—固液两相混合输送离心泵的流动计算—水力实验研究—优化设计—提出以耐磨损和提高效率为主线的高性能固液两相离心泵的水力设计方法。具体技术路线如下。

（1）实验用泵及方案。

对国内外已有的污水输送离心泵研究现状进行系统总结，吸收其中的优点。在此基础上提出本项目的总体设计方案，并进行可行性分析。按照相似原则制作一台离心泵模型，作为理论计算和实验研究的实验用泵。

（2）流动仿真计算。

以流道式固液两相流离心泵为对象，建立内部流动区域的全三维几何模型。在具体的数值计算中，拟采用三维 CAD 软件建立离心泵流动区域模型。应用专业的网格划分工具软件对整个计算区域进行网格划分。本项目对含有低浓度微颗粒固体介质的混合液，可以认为其中微颗粒的运动是受液体的牵引作用，先按纯液体进行流动计算，在得到稳定流场后，再计算域进口加入固体颗粒粒子，由先前得到的稳定单相流场得到含有固体颗粒的两相流场。

（3）水力输送性能计算。

在分析固体颗粒物性参数对输送泵性能影响的研究时，不改变泵的几何参数，主要考察分析固体颗粒的粒径、浓度等参数对泵输送能力的影响。其中，扬程的计算采用截面质量流平均总压差再除以水的单位体积重量，水力矩的计算采用叶轮表面压力和旋转轴向距离乘积沿整个表面积分。在此分析的基础上，在固体颗粒属性维持在某一典型情形下，改变流道泵的流道型线，考察分析流道型线对输送泵性能的影响。

（4）实验测试。

对实验用泵进行水力性能和汽蚀性能等外特性性能试验，重点获得实验泵综合水力性能，主要是扬程、效率、轴功率及汽蚀余量之间的变化关系。

……

二、项目执行情况

为研究污水输送过程中泵送关键技术及其装备，根据项目合同计划，本研究在充分了解国内外研究现状的基础上，借助数值计算、理论分析和实验测试的方法主要开展了以下几方面的研究工作。

第一，污水泵内固液两相流动计算模型研究。研究污水泵内的流动状态和受力分类，确定能够反映污水泵内主要流动状态的数值计算方法。

结合国内外研究现状，确定了污水泵内固体颗粒主要受两类力，即与相对运动无关的力和与相对运动有关的力，其中后者又可分为纵向力和侧向力。与相对运动无关的力，又可以分为惯性力、重力、压差力3类。纵向力主要因流体与颗粒间相对运动而产生，沿相对运动方向，又可将其分为3类：黏性阻力、附加质量力、Basset力。侧向力主要因流体与颗粒间相对运动而产生，沿着垂直于相对运动方向，也可将其分为3类：升力、Magnus力、Saffman力。

本研究中所用的非定常湍流计算使用 RNG k-ε 双方程模型使雷诺平均方程封闭。采用基于有限体积法的商业代码 ANSYS-FLUENT 软件进行不可压缩黏性流体的三维湍流流动计算。数值计算中的多相流模型采用基于欧拉—欧拉方法的代数滑移混合物模型（Algebraic Slip Mixture Model，ASMM）完成固液两相流动计算。考虑黏性原因，在所有固体壁面处均应用无滑移边界条件，并在近壁低雷诺数区域采用标准壁面函数处理高雷诺数湍流模型带来的问题。速度与压力之间的耦合计算采用 SIMPLE 算法实现。对流项的空间离散采用一阶迎风格式，扩散项的空间离散采用具有二阶精度的中心差分格式，源项的空间离散采用线性化的标准格式……

第二，固相属性对过流部件磨损与水力性能的影响研究。根据建立的数值计算方法，重点考虑固相主要属性（颗粒大小、颗粒密度和固相浓度）对污水泵水力性能的影响和对核心过流部件壁面磨损的影响规律。

计算用的泵模型是一台中比转速离心泵，比转速 ns=129.3；基本性能参数为：流量 Q=50 m³/h，扬程 H=20.54 m，转速 n=2900 r/min。采用商用软件 UG 进行内部计算区域的三维造型，利用商用网格划分软件 GAMBIT 对计算域进行分块网格划分。数值计算中转子与定子之间的动静耦合采用"冻结转子法"实现。制定如下计算方案。

……

研究发现：

（1）随着颗粒直径的增加，泵计算扬程和效率随之单调下降，而轴功率呈现先降后升的变化趋势，叶片压力面上的总压整体上呈现逐步减小的趋势，叶片压力面固相浓度整体上呈现逐步下降的趋势，压力面与吸力面上总压值相等的位置点在不断前移。

（2）随着输送固相浓度的增加，泵进口总压呈现逐步上升的趋势，而泵出口总压则呈现逐步下降的趋势。尽管泵进口总压随着浓度上升而上升，但其上升的绝对变化值较小；而泵出口总压下降则更为剧烈。

（3）随着固体颗粒密度的增加，泵计算扬程曲线呈现先降后升的趋势，即扬程曲线存在最小值；泵效率曲线则呈现先升后降再升的变化趋势，但总体变化并不显著；泵轴功率呈现单调上升趋势。

……

第三，污水泵优化设计与性能预测。研究核心过流部件几何参数（重点是叶轮和蜗壳）对污水泵水力性能和过流部件磨损的影响规律，明确污水泵最佳的几何参数组合。

现对原始模型泵的蜗壳扩散体出口段部分进行改进，将原蜗壳的弯曲扩散体改变为直扩散体……

计算结果显示，两种结构形式的蜗壳对外特性影响并不明显。但是同时又可以发现，具有弯曲扩散体的泵模型比具有直扩散体的泵模型的计算扬程和效率都要偏高，但二者差别十分有限。将弯曲型扩散体修改为直扩散体将有助于减少污水中固体颗粒对壁面的磨损，有助于延长污水泵的使用寿命……

研究发现，随着叶片出口角的增加，扬程曲线呈现增加的趋势，与泵的理论扬程变化趋势完全一致，而流量—效率曲线变化并不显著……总之，叶片出口角为30°的直扩散体污水泵的水力性能和磨损特性最好。

三、项目技术创新点

（1）建立了污水泵内部复杂固液两相流动的数值计算方法……

（2）确立了固相颗粒大小对污水泵水力性能及过流部件磨损程度的影响规律。随着颗粒直径的增加，泵计算扬程和效率随之单调下降，而轴功率呈现先降后升的变化趋势……

（3）建立了固相浓度对污水泵综合性能的影响关系。随着输送固相浓度的增加，泵进口总压呈现逐步上升的趋势，而泵出口总压则呈现逐步下降的趋势……

（4）建立了固相颗粒密度与污水泵综合性能的内在联系。随着固体颗粒密度的增加，泵计算扬程曲线呈现先降后升的趋势，即扬程曲线存在最小值……

（5）建立了污水泵几何结构与水力性能及磨损程度的内在联系。弯曲扩散体和直扩散体结构对模型泵的外特性影响并不显著……

四、项目经费使用情况

项目预算总经费为 35 万元，由省科技厅拨款。经费具体使用情况为：设备采购费用为 4 万元，材料费为 4 万元，测试化验加工费为 2 万元，差旅费为 4 万元，合作协作研究与交流费为 7 万元，出版 / 文献 / 信息传播 / 知识产权事务费为 9 万元，人员劳务费为 2 万元，专家咨询费为 1.25 万元，管理费为 1.75 万元。项目经费使用情况详见表 3（略）。

项目组于 2017 年 9 月 9 日从合作协作研究与交流费中调出 2.5 万元至差旅费，调出 3.78 万元至出版 / 文献 / 信息传播 / 知识产权事务费。

五、项目取得的成效

项目所建立的分析和设计方法具有推广价值，并可能在未来的固液两相流泵类产品自主开发中起到不可或缺的作用。因此本项目研究和开发出的污水泵产品，不仅可以对提高我省泵类行业产品档次、提高技术含量和产品附加值、实现更高的利润有实际经济意义，还可以实现节能和可持续发展，具有一定的社会意义。本项目的顺利进行及研究取得的成果，将为工农业领域广泛应用的离心泵提供了进一步拓展的可能。我省作为泵业制造大省，该项目的顺利实施将显著提升我省泵业的设计与制造水平，尤其是在固液两相流离心泵方面。随着技术含金量的持续增加，该项目有助于产业升级，有利于出口创汇，有利于提供更多的就业岗位，具有一定的社会意义……

项目研究过程中出版学术专著 2 部，发表学术论文 10 篇（其中 SCI 论文 2 篇、EI 论文 1 篇），申请国家发明专利 1 件，获实用新型专利 6 件，制作样机 1 台。详见附录。

六、附　录

本项目所申请的相关国家专利与发表学术论文证明材料（略）。

上述两类项目对于职业院校教师而言，层次相对较高，对结题报告的材料要求相对也高，但这两类项目管理中对结题报告的格式要求可以看成是人文社科类和自然科学类项目结题报告格式的典型代表。厅局级及以下的科研项目结题报告，如果项目主管单位没有特定要求，可以参考上面的两个格式撰写，也可参照以下格式按照研究报告的结构逐项填写。

二、撰写结题报告的注意事项

1. 标　题

结题报告的标题有两种方式：一种是直接采用科研项目的名称，一种则是围绕科研项目的主题另取。但不管采用哪种方式，一个合理的结题报告标题应当能够反映出所研究问题的最主要信息，即研究对象、研究方法、研究手段、研究目标和结果预期等。

2. 摘要和关键词

摘要必须简洁概括全文的主要内容，包括研究的问题、理论假设、研究对象、研究方法、结果与结论等，并指出该研究的应用价值和学术意义。要求结构完整，逻辑性强，能抓住研究的关键部分；做到重点突出，内容精练，观点明确；字数以 200—300 字为宜。

关键词必须是规范科学的名词术语，一般 3—8 个关键词（主题词）。

3. 正　文

结题报告正文的撰写内容和要求在本章第二节中已做说明，此处只对序言和结论部分再做些强调。

第一，序言部分要简明扼要地介绍项目研究的动机和意义，充分显示研究基础，使研究报告具有较强的针对性。序言中对他人研究成果的评价应客观公正、科学准确，不可随便否认前人工作、妄加指责；也不可轻易做出"前人没有研究过，本研究填补历史空白"等结论，即便要下此结论，也宜委婉一些，如"尚未见相关文献报告"。

第二，结论是整个研究过程的结晶，是在对研究结果的分析或讨论的基础上，经过推理、判断、归纳而概括出的更高层次的成果或观点。结论指出研究结果说明了什么，今后该怎么办等。对结论的表述，要求精炼、准确、严谨和富有表现力，应该做到观点和材料相统一，务必避免结题报告中只见"材料"不见"观点"的情况。

4. 结　尾

附录主要是结题报告撰写者认为必须向项目主管单位或鉴定专家提供的一些原始记录、调查问卷、工作表格等材料。附录内容多且杂，一定要按照内容分成若干条目有序排列后陈述。同时，对于注释和参考文献的标注一定要规范，这是结题报告严谨性的体现。

第三章　结题的申请

一般来说，课题按照预定的研究计划完成约定的研究任务、达到预期的研究目标之后，就可以申请结题。申请结题是课题管理的最后一个环节，预示着科研团队已经完成课题的所有研究目标。

第一节　结题的准备

结题的准备工作主要有课题结题材料的准备、结题报告的准备、结题评审或答辩的准备等环节。

一、课题结题材料的准备

完备的结题资料是结题中最为关键的。职业教育科研结题必须准备如下材料。

1. 成果性材料

（1）主体：结题报告、研究报告、实验报告、论文、著作、教案、案例等。

（2）附件：音像、图片、照片、教师课件、学生作品等。

（3）成果效益、影响材料：研究成果的应用推广与社会反响；与课题相关的教师、学生的荣誉；公开教学活动材料；等等。

（4）预期研究成果形式：准备阶段——情报资料汇编、现状调查报告和经验总结汇编；实施阶段——研究的资料和内容汇编、研究过程中的经验总结；总结阶段——研究课题的结题报告及一些附带的研究成果。

（5）最终成果形式：工作总结报告、本课题的结题报告。

2. 课题研究过程性材料

（1）课题实施方案。

（2）开题报告。

（3）课题研究问卷设计。

（4）课题研究、论证、研讨活动记录，研究过程中的相关数据、表格、观察记录，公开教学活动及教师上课的反馈意见。

（5）阶段性研究报告。

3. 工作性材料

（1）立项申报书、立项通知书。

（2）批复。

（3）课题计划、总结。

（4）中期成果评估意见。

（5）研究情况总结报告。

以上各类结题材料需要分类装订，所有材料的顺序要与结题审批书的表述完全一致，并按照统一的顺序合订。

二、结题报告的准备

撰写结题报告是做任何一项课题研究都必须完成的工作。开展职业教育科学研究，目的是解决教育教学实践中的问题，通过研究促进教学实践和师生的教学成长。

一般来说，不同类型、不同级别的课题，对结题报告的要求也不尽相同。结题报告的准备除了上述课题材料的准备之外，还要了解撰写结题报告的基本要求。结题报告的撰写，应注意以下问题。

1. 研究范围须界定清晰

题目表述应尽量囊括研究范围、对象、内容、方法。围绕研究课题题目，尤其是扣紧题目中的关键词语，是写好一篇结题报告的前提。如能切实做到紧扣题目，紧扣关键词语，在撰写时就不会出现大的偏差。例如，在总结"某某专业创新性人才培养探索与实践"时，就需要抓住"创新性"这个关键词，在研究成果中清楚讲述该专业人才培养哪些方面的探索与实践体现创新性，如果结题报告未有体现创新性的做法，在提炼创新点的时候将约定俗成的模式作为自己的创新点展示，则会引起专家质疑。

2. 研究目标须明确

课题研究目标是课题研究的方向和最终落脚点。一个课题研究的成果最终要落到实践中去，要接受实践的检验；明确研究目标，有助于更好地指导和开展研究工作，达成研究目的，解决教育实践问题。

3. 研究方法须科学

综合教育科研方法的采用对课题研究正常开展及成效至关重要。一项课题的研究，往往要采用多种科研方法，比如文献研究法、问卷调查法、统计法、分析法等。要根据课题研究的实际需要综合采用定量分析、差异性分析、对比分析等科研方法。必要时进行深刻的理性分析，用数据说话，以事实证明，提高课题研究的实证性。

4. 研究成果须精心提炼

结题报告是教育科研课题结题时需要提供的成果的主件，培养计划、大纲、已发表的论文、教材、专著等这些物化的东西则是成果的附件。因此，在撰写研究成果时应整合所有研究资料，进行科学的归纳、总结，尽量从理论和实践应用价值方面加以系统而全面地总结，从中提炼出课题的创新观点，如新观点、新认识、新策略、新模式，避免罗列一些众所周知的普遍观点。此外，要考虑成果的具体实施、解决的教学问题、产生的效果及推广的价值和意义。

三、结题要求和常见问题

根据课题结题要求，一般需要提供立项通知书、课题申请书、课题结题评审表、结题报告、取得的效益材料或获奖证书。其中，结题报告作为研究者完成一项课题研究工作的成果报告，把研究中最有创新、最有理论和实践价值的成果展现出来，是使结题评审专家和项目主管单位认可的重要材料。结题报告是一种专门用于课题结题验收的实用型报告类文体，有明显的学术性特点，即科学的研究方法、理性的论证分析、创造性的价值成果，应紧紧围绕课题的研究设计、实施概况、实际效果、研究结论、问题讨论等方面展开阐述。很多教师在撰写结题报告时，不能很好地陈述研究过程、呈现研究成果，给课题结题验收及后续的鉴定评奖和成果推广带来困难。其常见问题如下。

1. 结题报告格式不规范

格式不规范主要表现为结题报告层次结构不完整。一些教师未按照结题报告的格式来写，有的缺少课题研究意义，有的缺少研究方法、具体研究过程和研究步骤，有的缺少对研究结果的理性分析。

2. 结题总结缺乏科学规范提炼

结题报告必须体现科学性与规范性，既要符合教育科学理论，遵循教育规律，又要符合逻辑性，条理清晰。结题报告的内容，既要体现表现性与可读性，又要体现创新性与可行性。从研究结论看，不少结题报告对材料没有进行深入细致的研究与提炼，没有上升到理论高度。如有的报告没有重点，纯属材料堆积；有些课题研究成效表述得比较空洞，没有课题研究前后的对比分析及事实、数据佐证；有的报告则缺乏提炼具有启示性或规律性的结论。

3. 事务性与研究性总结混淆

在职业教育课题研究中，有些教师在撰写结题报告时容易将研究报告与工作总结或教学总结混为一谈，将结题研究报告等同于工作总结报告，简单地进行事务性总结。研究报告是从学术角度对研究本身进行逻辑上的推理和严格的论证，能集中概括地反映整个课题研究所取得的最主要、最有价值的成果，包括课题提出、课题实施、研究成效和研究后反思。它不是一般的工作汇报，不能记流水账。那些与课题研究有关的工作，且对整个课题研究工作组织、计划执行和研究过程有影响，如组织周密、制度健全、条件保证等内容，因为没有学术特点，不必写入研究报告。因此，在撰写结题报告时必须将两者严格地区分开来。

4. 文字表述缺乏准确性和概括性

研究报告的语言要求准确、简洁流畅，尽量不要使用经验总结式、口头式等累赘的语言，更不能用"也许""可能""大概"等一些模棱两可的词语。撰写结题报告时运用的语言应是陈述性的、报告性的、强调概括性的，文字力求言简意赅，要科学客观地表述事物的真理。

四、把握时代脉搏，精准职教科研服务方向

职业教育科研对推动职业教育事业改革与发展具有重要的先导性意义和基础性作用。多年来，职业教育发展中每一项重大决策的出台，中国特色职教理论体系的丰富、完善与探索，职业教育改革发展中心工作的回应，科研指导实践、破解难题，引导舆论，助推政策落地等，都离不开有关课题研究成果的支撑。职业教育科研在推动各级党委、政府和相关部门做出重大决策和部署方面具有不可替代的作用。

因此，职业教育科研工作如何融入职业教育事业改革发展？其在服务决策、探索规律、指导实践、引导舆论等方面，是否发挥了作用？研究成果是否关注职教科研的时代特征，是否回答了时代之问？这些问题在结题准备工作中是必须着重要体现的思考点，并在课题各类材料准备中得以充分体现。

1. 与时俱进，把握职业教育的发展规律与人才成长规律

职业教育与经济社会发展紧密相关，其教育发展和人才培养都具有自身特点和时代特征。伴随着教育改革的不断深化，2019年初出台的《国家职业教育改革实施方案》即统称的"职教20条"，旨在突出时代特征，反映新时代职业教育的新要求、新使命、新担当，把习近平新时代中国特色社会主义思想作为贯穿职业教育改革发展的根本遵循和行动指南；以问题为导向，针对长期以来"普教化、技能化"两大倾向，下决心解决一些长期制约职业教育发展的体制机制难题；强调实操实效，以重点项目来体现改革导向；强化依法治教，在提高学历职业教育质量的同时，更加注重鼓励职业院校开展高质量职业培训。

职业教育科研要与时俱进，把握职业教育的政策导向和职业教育的发展规律，科研工作要综合运用教育学、经济学、社会学等多学科的知

识和方法，突出基础性、前瞻性、战略性、创新性，得到满足职业教育高质量发展需要的理论。同时，职业教育科研要深入实践，总结、提炼实践经验，从而发现规律，夯实学理基础。职业教育科研成果的出发点和归宿是职业教育实践，要紧密联系实际，把研究成果应用于教学实践，落实立德树人；服务于决策，提供可操作的政策建议；转化为制度，支撑形成更加成熟、更加稳定的职业教育体系和制度；引导好舆论，为职业教育事业科学发展营造良好的社会环境[①]；要实现"把理论与实践结合起来，传承与创新结合起来，普及与提高结合起来，学理性与应用性结合起来，积极开展课题研究、教研活动和行动研究，破解教育难题"[②]。

为此，在结题材料整理、成果提炼的各个环节之中，要凸显时代特征、职业教育的发展规律与人才的成长规律，这部分内容是结题报告中十分重要的部分。在课题研究成果中，要准确全面地反映课题理论与实践结合的情况，精心提炼成果，并使其具有推广、借鉴价值。

这部分内容在撰写时要注意下列问题：一是对研究成果的陈述要详尽，不能过于简略。对研究成果的表述要强调规范性，注重与逻辑体系的关联度。二是既要讲课题研究实践成果，也要讲理论成果。突出研究所获得的新观点、新认识，或者所采用的新策略、构建的新教学模式等等。三是善于总结规律，强化本土化实践。我国职业教育是在统筹推进"五位一体"总体布局和协调推进"四个全面"战略布局中创新发展、不断壮大的，走出了一条中国特色职业教育发展道路。职教科研更要彰显中国特色，突出本土实践。

①王扬南：《全面提升职教科研服务高质量发展整体贡献力——基于〈2019中国职业教育科研发展报告〉》，《中国职业技术教育》2020年第12期，第5—15页。

②陈宝生：《坚持政治建会 服务立会 学术兴会 科学治会》，《中国教育学刊》2020年第1期，第5页。

2. 强化应用，注重职教科研的问题导向与科研成果的转化

职教科研结题材料的准备，要密切关注和把握对职教发展中的热点、难点问题。如"职教 20 条"的主要内容可以概括为：完善一个体系——学历教育与职业培训并重的现代职业教育体系；健全两个机制——育人机制和评价机制；形成三个局面——产教融合、多元办学、协调开放共享；推动四项改革——"三教"改革、"1+X"证书制度试点、本科层次职业教育试点、"职教高考"制度探索；实施五大举措——国家标准、"双高计划"、教师素质提高计划、高水平实训基地、高职扩招百万；完善六个保障——党的领导、部际联席会、咨询委员会、政策环境、经费投入、主体责任。这些都是深化职教教育领域综合改革的发力点，也是职教科研聚焦的方向所在。

再如，一场突如其来的疫情，使得学校教育的存在形态发生变革，让我们进入全域教育时代，从而打破了学校教育、家庭教育、社会教育的边界。学校如何和校外教育有机配合，学校教育如何和网络教育有机配合，成为各级各类学校不可回避的新命题。同时，疫情使得教育与生活的联系重新得到加强；学校教育组织形态开始变革，自组织教育成为常态；学校教育技术形态与管理形态也发生变革，线上管理成为常态，基于数据的管理成为常态，校企协同管理成为常态，多元团队学习评价管理也成为常态。所有这些，都是教育科研需要特别关注的时代主题。

因此，职业教育科研方向的选择要以此为重要依据，这就要求教师在撰写结题材料、提炼成果时，要强化应用，紧扣教育教学改革发展的时代脉搏，在一定理论的指导下，围绕课题研究的实践需要高度概括，有针对性地列出课题研究所依据的某个具体的理论观点或政策；在陈述所取得的研究成果时，要突出问题导向，不能忽略应用研究目标与研究成果之间的内在联系，要积极推动成果的转化和应用，真正发挥教育科

研对教育实践的引领作用。

3. 强化融合，释放职教科研服务高质量与协同发展新动能

政、行、企、校合作育人，行、企参与职业教育是职业教育的主要特色之一。跨界、融合、创新构成了职业教育服务高质量发展的价值追求。将产业先进技术元素、产业优秀文化元素、产业发展需求融入专业建设与教育教学过程中，是当下职教领域深化改革的重要目标所在。

毋庸置疑，职业教育科研具有很强的外部性、开放性、创新性等重要特征，而且越来越明显。如，《教育部财政部关于实施中国特色高水平高职学校和专业建设计划的意见》（简称"双高计划"，教职成〔2019〕5号）明确提出：完善职业教育和培训体系，健全德技并修、工学结合的育人机制，服务新时代经济高质量发展，为中国产业走向全球产业中高端提供高素质技术技能人才支撑。坚持产教融合。创新高等职业教育与产业融合发展的运行模式，精准对接区域人才需求，提升高职学校服务产业转型升级的能力，推动高职学校和行业企业形成命运共同体，为加快建设现代产业体系、增强产业核心竞争力提供有力支撑。构建政府、行业、企业、学校协同推进职业教育发展新机制。

从中可见，强化融合不仅是职业院校办学的必然选择，也是职教科研的必然选择。这样，课题组成员的构成需要行业与企业共同参与，需要跨界组队，真正体现校地合作；研究内容需要关注产业需要，与企业互动，协同推进；服务贡献，则强调高质量。

综上所述，职业教育科研结题准备因其研究对象、研究目的和采用方法、研究路径的不同，其表述形式和侧重点也有所不同。如何释放职业科研服务高质量协同发展的新动能，以便更好地服务经济社会发展和帮助学生成长成才，是职业教育科研永恒的主题和目标。

第二节　结题的方式

不同的课题主管单位与课题类别，其管理办法及要求也不尽相同，结题方式自然也存在差异。有些课题研究完成预期目标，成果达到主管单位要求的质量标准，可免于鉴定，直接申请结题。

对于不符合免于鉴定条件的成果，就需要组织鉴定或评审。一般来说，主要采取通讯评审及会议评审两种方式对课题进行结题验收。

通讯评审是由课题组向课题主管单位提供结题材料，课题主管单位联系专家组成评审专家组，专家组审阅结题材料，对课题进行结题评审。在这种工作模式下，评审专家组和课题组背靠背，阅读分析材料的时间周期长，但评审标准严格，有利于避免人情世故，做出比较全面客观的评价。有些课题主管单位则将鉴定工作委托课题承担单位的科研管理部门组织举行，鉴定评审结果报主管单位核准。

会议评审则是以课题组和评审专家组面对面的交流形式展开。这种工作模式有助于评审专家组及时了解信息，做出准确判断；也有利于课题组发现问题，总结经验。两种方式各有优劣，常常由课题主管单位根据实际工作需要来决定。

职业教育的科研一般偏向应用性研究，伴随管理权限的下移，教育主管单位对于课题的管理往往采用备案制管理方式，课题评审环节就由课题申报单位自行完成。课题主管单位则根据课题的类型、数量和阶梯要求选择较为便捷的方式进行。但是对于一些重点课题，通讯评审和会议评审相结合的做法比较普遍。

第三节　结题的注意事项

无论是通讯评审还是会议评审，在课题结题时都需重点注意以下问题。

一、课题结题的程序和要求

不同类型的课题，结题程序和要求有所不同。因此，要按照结题程序和要求充分准备好材料，特别是掌握会议成果鉴定的主要程序。

1. 会议鉴定的主要程序

（1）课题组负责人做研究工作总结和成果汇报。按照研究过程、研究成果、存在问题、未来研究方向等流程组织汇报材料和 PPT；

（2）鉴定专家组审阅与课题有关的材料及附件；

（3）专家质询与课题成果答辩；

（4）鉴定专家组汇总评审意见；

（5）鉴定专家组反馈鉴定意见。

2. 鉴定专家通常考虑的问题

（1）课题研究是否完成了预定任务、是否达到了预定目标；

（2）研究思路与技术路线是否合理、有效；

（3）研究方法是否科学；

（4）研究数据是否翔实、准确，是否具有统计意义，结论是否正确；

（5）研究成果的总体水平及其在相关领域的影响。

二、档案材料的整理和归档要求

对课题研究材料进行整理归档，既是科研管理的需要，也是研究者继续深化研究、对研究成果进行推广的实际需要。因此，无论是科研主管单位还是研究者，都要重视课题档案材料的整理和归档工作，特别是成果类材料要按照档案管理要求做好分类管理。如结题报告、研究报告、实验报告、论文、著作、教案、案例等，要用档案盒做好对原件和影印件的分类管理；对于课题研究成果的附件（包括音像、图片、照片、教师课件、学生作品等材料）要做好备份，按照相应的档案管理要求进行妥善保管；对于一些反映成果效益、影响的材料（包括研究成果的应用推广与通讯报道、社会评价等，以及与课题相关的教师、学生的荣誉等材料），也要归档整理。另外，一些产生较有影响力的成果和荣誉还应送一份到单位档案室留存。

三、研究报告的撰写及其要求

研究报告是研究过程的体现，涉及研究的具体细节，为研究提供连贯的阐述，也是研究成果的表达，更是对外交流的需要。一份好的研究报告应将研究过程、研究重点和研究结果系统地展示，使研究结果得到公开验证，与他人分享成果。因此，撰写研究报告时要着重考虑如下几个问题：

（1）研究报告是否清晰易懂？

（2）行文是否无偏见和歧视？

（3）研究的基本应用是什么？

（4）研究的优点和缺点是什么？

（5）如何改进研究？

总之，结题准备工作是课题研究工作中不可忽视的重要一环。结题工作做得好，有助于之后的成果宣传、推广和应用，也能为课题研究的深化奠定坚实的基础。但是，当前职业院校普遍存在重申报、轻结题的现象，在各个院校科研部门网站上，我们看到最多的是申报通知，而结题通知及其要求、结题评审及答辩通告或报道信息几乎很少，对课题结题的相关要求更是少有专栏介绍。由此可见，很多课题的结题工作只是走个形式就了结，更别提推广工作了。这些现象需要引起科研主管单位和研究者的高度重视。细节决定成败，要想获得高质量的研究成果，并实现对成果的有效推广和应用，研究工作的每个环节和细节都不能轻视。

第四章　结题鉴定的组织

　　结题鉴定是指科研项目组按照预期计划顺利完成项目研究任务后，项目主管部门根据科研项目组提交的结题鉴定材料，对科研项目研究方案的实施情况、研究目标的完成情况、研究成果的数量和质量及产生的经济效益和社会效益情况进行综合评定，并给出是否同意结题结论的过程。作为科研项目管理流程的最后一个环节，做好结题鉴定工作是项目主管部门强化科研项目质量导向的重要手段。同时，对于科研项目组来说，结题鉴定环节也是检验项目研究水平、不断提升成果成效、深化后续研究的有效方法。因此，如何选择结题鉴定形式、准备结题鉴定材料、组织结题鉴定程序，是完成项目研究"最后一公里"的关键所在。本章对各级各类科研项目结题管理办法进行梳理，旨在为科研项目组顺利通过结题鉴定提供参考和便利。

第一节　结题鉴定形式

　　结题鉴定形式，即项目主管部门对科研项目的结题材料进行鉴定的方式。不同的鉴定形式，对鉴定材料的组织、鉴定程序的安排有不同的要求。项目组要根据项目主管部门的要求、学校管理办法及自身研究完成情况，选择适当的鉴定形式，这对项目研究能否顺利结题至关重要。

在具体科研项目管理实践中，科研项目结题鉴定形式可以分为通讯鉴定、会议鉴定和免于鉴定等形式。

一、通讯鉴定和会议鉴定

（一）通讯鉴定和会议鉴定概述

通讯鉴定是指将科研项目成果和有关材料寄送给鉴定专家，由鉴定专家评审后，分别给出个人书面鉴定意见，并以通讯的方式将鉴定意见提交专家组组长，或项目主管部门，或项目承担单位科研管理部门的鉴定形式。

会议鉴定是指以召开鉴定会的方式，通过当面汇报陈述、现场考察、提问和答辩等环节，由鉴定专家组对科研项目成果进行鉴定和评估，并统一形成最终书面鉴定意见的鉴定形式。

是用通讯鉴定还是用会议鉴定，除项目结题管理办法有明确要求外，项目鉴定组织部门可根据项目研究性质、鉴定时间要求等因素做出选择。

通讯鉴定的优势在于：鉴定专家有足够的时间对结题材料进行审读并独立做出评价，不需要专家集中到现场开会，避免了会议鉴定中经常出现的会议时间协调问题。但通讯鉴定因为采用的是专家"背靠背"的评审方式，专家之间由于缺乏相互间的沟通和讨论，可能会影响评价鉴定的全面性。会议鉴定则给鉴定专家组和科研项目组提供了一个充分质询、论证和交流的平台，从而可以对提交的成果做出更为全面的评价。但会议鉴定在实际操作过程中会出现因鉴定专家时间难以协调，导致项目鉴定会无法及时举行等情况。

（二）科研项目结题鉴定形式的具体规定

既然通讯鉴定和会议鉴定各有利弊，那么在申请结题鉴定时，如何确定结题鉴定形式？这就需要了解和把握各项目主管部门的结题管理办法对通讯鉴定和会议鉴定所做的具体规定。

1. 国家社会科学基金项目

《关于进一步完善国家社会科学基金项目管理的有关规定》对国家社会科学基金项目鉴定要求如下：

国家社会科学基金项目最终研究成果的鉴定一般采取匿名通讯鉴定或会议鉴定的方式，分类组织实施。重大项目、年度项目、青年项目、西部项目、后期资助项目和中华学术外译项目等的最终研究成果鉴定，由全国社会科学工作办委托各省区市社会科学管理部门或在京委托管理机构负责组织，重大项目一般采用会议鉴定方式，其他项目采用通讯鉴定方式，鉴定后的材料均报全国社会科学工作办验收审批。特别委托项目、重大研究专项的最终成果鉴定，由全国社会科学工作办负责组织。

2. 全国教育科学规划课题

《全国教育科学规划课题结题鉴定细则（2017年7月修订）》第二条、第十九条规定：全国教育科学规划课题按期完成后，原则上最终成果均须进行鉴定，通过鉴定后予以结题；采取会议集中鉴定或通讯鉴定的方式，个别确须进行单独会议鉴定的课题，须由课题组提出申请，经全国教科规划办批准后方可进行。

3. 教育部人文社会科学研究项目

《教育部人文社会科学研究项目成果鉴定和结项办法》第十三条明确规定：成果鉴定方式分为通讯鉴定和会议鉴定。其中，重大课题攻关项目采取会议鉴定方式，基地重大项目、一般项目采取通讯鉴定方式。

4. 浙江省科技计划项目

《浙江省科技计划（专项、基金）项目验收管理办法》第十一条对项目验收做了分类规定：项目验收一般以会议验收方式组织进行，经验收组织单位批准也可采取网络评审验收方式。财政经费补助 20 万元以上（含 20 万元）的科技计划项目应采用会议验收方式。

5. 浙江省教育科学规划课题

《浙江省教育科学规划课题管理办法（2018 年 10 月修订）》第十九、二十二条规定：列入浙江省教育科学规划的所有课题按期完成后，原则上最终成果均须进行鉴定，通过鉴定后予以验收结题。凡涉及政治、民族、宗教、军事等敏感问题和其他重大舆情相关的研究成果，须先鉴定、领取结题证书后再出版或发表。课题鉴定采取会议鉴定和通讯鉴定两种方式。

6. 浙江省社会科学界联合会研究课题

《浙江省社会科学界联合会研究课题管理办法（试行）》第二十条规定：为科学地评估省社会科学界联合会研究课题研究成果的质量，课题最终成果一般须进行专家鉴定，通过鉴定后予以验收结项课题。鉴定须由省社科联学会处（社团处）直接组织。鉴定包括通讯鉴定和会议鉴定两种方式。

二、免于鉴定

（一）免于鉴定的概述

免于鉴定是指当科研项目的研究成果的质量达到项目主管部门具体列出的特别要求时，无须组织通讯鉴定或会议鉴定，可以直接申请并经项目主管部门审核无异议后即通过验收的结题方式。

免于鉴定的结题方式是直接对科研项目研究成果予以认可，简化了结题流程，提高了项目管理效率。与此相对应，免于鉴定对于项目研究成果的质量要求一般要高于通讯鉴定和会议鉴定。科研项目负责人如果有意申请免于鉴定的结题方式，应在项目立项甚至项目申报时就仔细研读相关科研项目的结题管理办法，明确免于鉴定的成果质量要求，并在研究过程中将之设定为目标。

（二）免于鉴定的具体要求

为给项目负责人提供一个明确的研究指引，项目主管部门一般会在科研项目相关管理办法中，对免于鉴定的申请条件做出具体明确的规定。

1. 国家社会科学基金年度项目

国家社会科学基金年度项目成果具备下列条件之一者可申请免于鉴定：

阶段性成果获得教育部人文社会科学优秀成果二等奖以上或者其他省部级科研成果奖项一等奖的；

项目研究中提出的理论观点、政策建议等得到省部级以上党政领导批示并被有关部门采纳，或被全国哲学社会科学工作办公室《成果要报》采用的；经有关部门认定成果内容涉密不宜公开的。

2. 全国教育科学规划课题

《全国教育科学规划课题结题鉴定细则（2017 年 7 月修订）》第十三、十四、十五条详细规定了不同类别课题最终成果免于鉴定的申请条件。

第一，国家一般课题、青年课题和西部课题。

获得省部级评奖二等奖以上奖励；或提出的理论观点、政策建议等被省部级以上党政领导机关完整采纳吸收，并附有基本材料和相关证明。

奖项须为政府所颁发，包括国家社会科学基金优秀成果奖、国家教学成果奖、全国教育科学研究优秀成果奖、高等学校科学研究优秀成果奖、国家科学技术奖，以及省级哲学社会科学研究优秀成果奖、省级教学成果奖和省级科学技术奖。奖项名称应与课题名称对应，课题负责人须为获奖项目第一署名人。

第二，教育部重点课题和青年专项课题。

最终成果的主体部分被省级以上教育行政部门完整采纳吸收，并附有基本材料和相关证明；或最终成果的主体内容在《中国社会科学》《求是》《新华文摘》发表或转载，并有唯一明确标识。

达到列入国家一般课题、青年课题和西部课题免于鉴定的条件，教育部规划课题达到列入国家一般课题、青年课题和西部课题、教育部重点课题和青年专项课题免于鉴定的条件，均可申请免于鉴定。

第三，教育部规划课题。

最终成果的主体内容在《教育研究》《心理学报》或国外专业刊物上发表；或发表的论文被人大复印资料全文转载，并有唯一明确标识。

此外，课题负责人所提交的决策咨询报告，如被全国教科规划办编发的《教育成果要报》采用并获领导批示的，可以申请免于鉴定。

同时，《全国教育科学规划课题结题鉴定细则（2017 年 7 月修订）》第十七条规定，国家重大和国家重点课题不得申请免于鉴定。

3. 教育部人文社会科学研究项目

《教育部人文社会科学研究项目成果鉴定和结项办法》第七条规定了免予鉴定的范围。

第一，重大项目一般不得申请免予鉴定，但以下两种情况除外。

（1）项目研究的阶段性成果已产生了很大的社会影响，获得国内外同行广泛认可；

（2）最终成果是研究咨询报告，其提出的主要政策建议经省部级以上党政主要领导明确批示并在实际工作中予以采纳、推广，取得明显成效。

第二，一般项目完成《申请评审书》约定的研究任务，研究成果标注"教育部人文社会科学研究 ×× 项目资助"字样，且符合下列情形之一的，可申请免予鉴定：

（1）专著类成果已正式出版；

（2）在 SSCI，A&HCI 等国际索引期刊及 CSSCI 来源期刊发表论文 2 篇以上；

（3）成果获得国家级、省部级奖励或国家一级行业学会三等奖以上奖励；

（4）研究咨询报告提出的理论观点、政策建议等被地（市）级以上党政领导机关或大型企事业单位采纳并取得实际效果；

（5）成果涉及党和国家机密不宜公开，而质量和水平已得到有关部门认可。

第三，后期资助项目成果可免于鉴定，确有鉴定需要者，经项目责任人提出申请，由依托学校报教育部社会科学司组织鉴定。

4. 浙江省哲学社会科学规划课题

《浙江省哲学社会科学规划课题管理办法》虽然没有明确规定免于鉴定的条件，但根据成果形式的不同，对课题的结项标准做了细致的要求，并且在第二十九条明确了项目未通过验收后的鉴定方式，这些结项标准和免于鉴定标准具有相同的作用：

第一，课题成果形式为专著的，专著应在"浙江省哲学社会科学规划课题推荐出版机构"公开出版。如专著不在推荐出版机构出版，针对重点课题，应同时至少再有 1 篇以课题负责人为第一作者的在一级期刊上发表的论文；对于一般课题，其负责人再有 1 篇刊发核心期刊的论文。

第二，成果形式为论文的，最终成果必须有 3 篇以上论文公开发表，其中课题负责人为第一作者的必须有 2 篇。针对重点课题，要求最终成果至少有 2 篇发表在一级期刊上，期刊级别分类参照最新版的浙江大学学术期刊名录，课题负责人为第一作者的不得少于 1 篇；针对一般课题，至少有 2 篇论文发表在核心期刊上，课题负责人为第一作者的不得少于 1 篇；青年课题和自筹经费课题的最终成果至少有 1 篇发表在核心期刊上，第一作者必须是课题负责人。结项的论文在内容上必须紧扣所承担课题的主题和研究范围。

当论文成果发表在 SCI，SSCI，A&HCI 等收录期刊上且符合最新版浙江大学学术期刊名录的外文期刊论文结题时，需所在单位提供审查意见，同时提供不少于 2000 字的论文中文摘要、主要内容与课题申报书的关系说明及教育部科技查新工作站出具的收录证明等材料。

课题成果中具有对策应用价值的部分，应按照省社会科学工作办的要求，及时编写成果要报上报。

第三，成果形式为研究报告的，结项时须递交不少于 25 000 字的完整的研究报告，有 2 篇阶段性成果入编省社会科学界联合会、省哲学社会科学工作办公室《浙江社科要报》，并有 1 篇获省领导肯定性批示。

论文（文章）公开发表或向有关领导、决策部门呈送时，必须首要标注"浙江省社会科学规划课题成果"；著作公开出版时，"浙江省社会科学规划课题成果"为同一级别课题的唯一标注成果。如不按规定标注，省社会科学规划办不承认其为省社会科学规划课题的研究成果，不颁发"结题证书"。

5. 浙江省教育科学规划课题管理办法

《浙江省教育科学规划课题管理办法（2018 年 10 月修订）》第二十条规定：课题主要研究内容在全国中文核心期刊上发表 1 篇及以上论文的重点课题或在省级以上公开刊物上发表 1 篇及以上论文的一般规划（含专项）课题可免于鉴定。发表的论文以出刊为准，且须在发表刊物中注明"课题类别＋课题名称＋课题批准号"，其中至少有 1 篇论文的第一作者或通讯作者为课题负责人。

获得设区市政府、教育行政部门或科研管理部门二等奖及以上奖项，省政府、省教育行政部门或科研管理部门三等奖及以上奖项，或被省教育科学规划办和厅局级以上行政部门采纳的成果可免于鉴定。

6. 浙江省社会科学界联合会研究课题

《浙江省社会科学界联合会研究课题管理办法（试行）》第二十一条规定社会科学界联合会研究课题成果具备下列条件之一的，可免于鉴定：

（1）已经正式出版或有部分在公开刊物上发表（其中重大或年度重点课题成果须在省二级期刊以上的公开刊物上发表）；

（2）获得市级或厅局级三等奖以上奖励；

（3）提出的理论观点、政策建议等已被市级以上党政领导机关完整采纳吸收，或在媒体上产生较大的、良好的社会反响；

（4）涉及党和国家机密不宜公开，而质量已得到有关部门认可。

同时，研究成果在公开发表、出版、内部呈送或宣传时，须在显著位置注明"浙江省社会科学界联合会××课题研究成果"标志。未注明者，不能作为该项课题的研究成果申请免于鉴定。

从以上对免于鉴定成果要求的几类科研项目的梳理中可以看出，免于鉴定实际上是在达到项目预期研究目标的基础上，对论文发表期刊级别、研究成果应用采纳、研究成果获奖等设定了更高要求。项目负责人若想达到免于鉴定条件，应对项目研究计划、研究方案和成果完成时间等进行合理规划和设计。

第二节　结题鉴定材料

明确了科研项目结题鉴定形式，下一步工作就是根据项目结题鉴定要求，全面、系统、高质量地准备结题鉴定材料。

一、结题鉴定材料概述

结题鉴定材料是指科研项目组对科研项目申请、立项、研究过程和研究成果各环节进行梳理、总结后，提交给项目主管部门和鉴定专家评审的材料总和；其是对科研项目研究过程和研究成果的全面展示，也是项目主管部门和鉴定专家对项目进行结题验收和鉴定的重要依据。

结题鉴定材料是否完整齐全是结题验收审查的第一关，也是科研项目组研究态度是否严谨、研究方法是否科学等诸方面的直接体现。科研项目组在鉴定材料的准备过程中应该且始终保持严谨、认真的态度，确保提交的结题鉴定材料齐全、内容翔实。

二、结题鉴定材料的组成部分

如前所述，结题鉴定材料涉及从项目申请到完成研究全过程中各个环节的材料，这就要求项目组在研究过程中要做好各类研究资料的存档工作，这是准备结题鉴定材料的基础。项目组应在项目立项时就对其予以重视，而不是等到准备提交结题鉴定材料时才着手准备。

那么，哪些研究资料是需要存档并提交的？项目主管部门一般会在项目相关管理办法中予以明示。下面就列举几类科研项目的鉴定材料要求。

1. 国家社会科学基金项目

国家社会科学基金科研创新服务管理平台要求，在线填报的国家社会科学基金（重大、一般、青年）项目的结项鉴定结项成果材料具体包括：

（1）结项审批表。

（2）鉴定结项成果（PDF或图片格式）——将项目全部最终成果上传。因采取匿名鉴定方式，请隐去成果中的项目负责人和成员姓名、项目承担单位等信息再上传。如果是修改后第二次申请鉴定或修改复审的项目，请提交成果修改稿和修改说明（修改说明要归纳整理专家全部修改意见，对按照专家意见进行修改的内容要标明章节和页码，对没有参照修改的意见要予以说明）。

成果形式为专题论文集的项目，论文集开头要对项目研究目标、单篇论文的主要内容及其与总目标的对应关系、论文是否发表等情况做一个概述性说明。针对收录的数篇论文，应按照一定的逻辑关系结集成一个文件，每篇论文都须与研究主题密切相关。

（3）总结报告（Word文档）。

（4）最终成果简介（Word文档）。

（5）以博士论文或博士后报告为基础申请的项目，要提交博士论文或博士后出站报告原文（PDF文档），以及最终成果和博士论文（博士后出站报告）之间的联系和区别的说明材料（Word文档）。

（6）查重报告。项目组按照学术规范对引文进行标注，查重时请将所有项目组成员的名字按查重机构要求的格式填写在作者栏。有特殊情况可自行说明，如果说明的文字太多，也可以作为一个单独的文件上传到查重报告附件中。如无查重报告，请上传不查重说明。

（7）经费开支明细账（PDF 或图片）——申请结项时须如实填写"项目资金决算表"，同时上传由责任单位财务管理部门打印并经财务部门、审计部门审核盖章的经费开支明细账。有外拨资金的项目，由项目负责人汇总编制项目资金决算，并附上合作研究单位财务部门、审计部门审核签章的直接费用开支明细账。

（8）项目预算回执（PDF 或图片）——非必填，如无该文件可不提供。

（9）阶段性成果是论文（集）形式并且已正式发表的，必须上传成果全文附件（限 PDF 文件）。

实例 4-1：总结报告范例

"两晋十六国地名研究"总结报告 [①]

1. 项目预期研究计划的执行情况

本项目以"两晋十六国地名研究"为题，拟广泛运用各种传世典籍和出土文献，全面考订两晋十六国各类可考的地名。项目获立项后，项目组成员广泛搜集并研读大量与两晋十六国地名相关的文献资料，基本整理出了两晋十六国的各类地名，随后对两晋十六国地名进行分类研究。在两晋十六国各类可考地名中，政区地名是最基础、最重要的一部分地名。从地名学的角度研究政区地名，不仅要考订各政区的层级、隶属关系、治所及分裂割据时期归属的政权，还要研究这些地名的渊源、演变、命名方式、地名关系等。考证两晋十六国各政区地名的渊源等，不仅需

---

①该部分系衢州学院教授魏俊杰主持完成的国家社会科学基金项目"两晋十六国地名研究"（编号：14CZS011）之总结报告。

要研读两晋十六国时期的相关文献资料，还要借助西晋以前的传世文献和出土文献，这些都需要花费大量的时间和精力。但随着研究的深入开展，项目组发现，全面考订两晋十六国各类地名难以实现。自 2014 年 6 月项目立项，至今年底申请结项，前后时间为 4 年半。本项目在完成两晋十六国政区地名研究时，文稿已达 106 万字，这一研究已经占用大量的时间。本项目暂以这 106 万字政区地名的内容结项，待结项并出版后继续深入研究其他各类地名。故本项目结项时，成果名称加以副标题"政区地名篇"，以示还将有后续的相关研究。

2. 成果研究内容及方法的创新程度、突出特色和主要建树

首先，将地名学的研究方法与政区研究相结合，对两晋十六国的政区地名做全面、深入的研究。以往对两晋十六国政区地名的研究，主要是从政区沿革的角度展开，很少从地名学的角度进行研究。研究古代地名学的论著，还没有就一个时代的所有政区地名做全面研究。两晋十六国政区地名研究，不仅要考订出可考的政区地名，探讨这些政区地名在两晋十六国时期的动态变动，分析各政区治所的变迁、辖境的变化、层级的升降、隶属的变更，以及政区的增置、罢废和名称的更改等，还要考察各行政区地名的渊源、演变、方位及同名异地、同地异名、有名无地等问题。而且，对处于分裂割据的东晋十六国时期政区，还要考察各政区归属于东晋十六国诸政权的情况。

其次，不仅对两晋十六国政区地名做全面考订，而且全面梳理了两晋十六国州、郡、县各层级政区的设置情况，并从地名学的角度对两晋十六国政区地名的用名和渊源等加以总结。在总结过程中，充分利用考证的结论，将图表与论述相结合，进行量化分析，揭示两晋十六国时期各层级政区沿革及地名特点和规律。如在总结县级政区通名的使用时，认识到县名的通名大致可以分为自然地理实体、方位、嘉名、政权的国

号等，许多县名是各类通名之间的相互组合，或含有其中某一通名，并量化各通名如嘉名安、平、昌、宁、兴、乐、丰、定、德、康、寿、新、广、永、始等使用的具体数量。又如，研究成果中列有"两晋十六国县改名表"，并总结出县更名主要的原因，认识到统一分裂交错出现过程中同名县之有无而导致的地名改名，也总结了因政权更替和避讳而带来的县名的变更。

再次，研究成果即纠正了史书中地名记载的不少错误，指出了行政区研究中存在的一些问题，补充了以往政区研究中缺失的内容。如唐初史臣修《晋书》，于《晋书·地理志》误入一些唐县。以往学者有吴翊寅认识到这一问题，但未能全面纠正《晋志》所误入的唐县。又如《晋志》于青州乐安国误将利、益都二县为利益一县，很少有学者能够正确指出这一问题。而且，《晋书》《宋书》《魏书》《华阳国志》《水经注》《资治通鉴》《元和郡县图志》《太平寰宇记》等史书在记载两晋十六国史时有地名上的错误，而这些错误一直未能被指正，项目组在考订过程中在注文中随文纠正。如，《晋书·石季龙载记上》载："宁远刘宁攻武都狄道，陷之。"此"武都"当为"武始"之讹，以往学者未能指正，反而在政区考辨中出现错误。又如，《通鉴》晋愍帝建兴元年五月载，"石勒使孔苌击定陵，杀田徽"；胡三省于此注："定陵县，汉属颍川郡，晋属襄城郡。"胡注有误，此定陵当在冀州清河郡。当然，对于当今学者的考订之误，项目组也会在注文中随文指出。以往对两晋十六国政区的研究，大多局限于对《晋书·地理志》的校注、订补方面，不仅未能从地名学的角度深入探究，也没有动态地考察政区的变迁，更缺乏政区变迁过程中明确的年代界定，研究成果弥补了以往研究的各种不足。如以往政区研究对于州治的变化未能细化，研究成果则详考各政权州治所的变化。以东晋江州、豫州、徐州、兖州和侨州为例，州治所随刺史的变化而迁徙，江州、豫州、徐州、兖州（侨）治所前后各有 44 次、29 次、22 次、24 次变动，《宋书·州郡志》《南齐书·州郡志》所作记载远远不足，其他学者也没能深入考证。

最后，项目组不仅全面搜罗了现存传世典籍记载的两晋十六国地名及其渊源，还广泛利用了出土文献资料来考订两晋十六国地名及其渊源，详见下文"资料收集和数据采集情况"。

3. 资料收集和数据采集情况

全面掌握现存文献资料和研究成果，是研究两晋十六国地名的基础。有关两晋十六国时期的文献，《晋书》和《资治通鉴》的晋纪部分相对集中地记载了这段历史，其次为《宋书》《魏书》。《水经注》《华阳国志》及《元和郡县图志》《太平寰宇记》等唐宋地理总志中记载的两晋十六国的地名，是研究两晋十六国地名源流的重要史书。《艺文类聚》《北堂书钞》《初学记》《太平御览》等唐宋类书中，常引用两晋十六国时期的典籍，其征引的典籍后来大多失传，所涉两晋十六国地名有很高的史料价值。除史部各类著述和类书外，两晋十六国以来的子、集中也有涉及两晋十六国地名者，此类著述如《世说新语》《高僧传》《开元占经》《陶渊明集》《文选》等。另外，出土的墓志墓券碑铭、敦煌文献、吐鲁番文书等中也涉及少量的极为珍贵的资料。

自清代以来，有许多学者的研究涉及两晋十六国政区地名。毕沅、方恺、马与龙、吴士鉴、孔祥军等对《晋书·地理志》有校注之功，洪亮吉、张鹏一、周济、汪兆镛对两晋十六国政区有订补之力。徐文范《东晋南北朝舆地表》、胡孔福《南北朝侨置州郡考》、杨守敬《历代舆地沿革图》、谭其骧《中国历史地图集》、胡阿祥《六朝疆域与政区研究》《东晋南朝侨州郡县与侨流人口研究》、周振鹤《中国行政区划通史》、方国瑜《中国西南历史地理考释》等都不同程度地涉及两晋十六国政区的研究。

研究两晋十六国地名，不仅要关注记载两晋十六国的各种文献，还要充分利用西晋之前的一切文献。传世文献中，以《左传》、《战国策》、"前四史"、《两汉纪》等史部著作为主，经书、子书等为辅，还需参考清代诸家对晋前历史的考辨之作。近代以来，学者对晋前地名、政区的研究也要关注，这类著作如钱穆《史记地名考》、顾颉刚《春秋地名考》、马保春《晋国地名考》、吴宝良《战国楚简地名辑证》、后晓荣《战国政区地理》《秦代政区地理》、周振鹤《西汉政区地理》、李晓杰《东汉政区地理》、孔祥军《三国政区地理研究》、陈健梅《孙吴政区地理研究》等，还有王国维、谭其骧等先生对秦汉政区的考证之作。在研究晋前政区地名中，先秦、秦汉的玺印、封泥、货币、兵器、陶器等器物及碑刻、竹简上的地名价值极高。

目前，尚未有从地名学的角度对两晋十六国地名进行专门研究的著作，但此前的相关研究涉及两晋十六国政区地名，或其研究方法可供参考借鉴。这类专门之作有郭子章《郡县释名》等，但成就不高；顾炎武《日知录·史书郡县同名》《郡国改名》及钱大昕《地名考异》较有价值，但为数不多。近年来，地名学研究逐渐兴起，孙冬虎和李汝雯《中国地名学史》、孙冬虎《地名史源学概论》、华林甫《中国地名学史考论》《中国地名学源流》等从不同的角度对中国地名学成就做出很好的总结，对两晋十六国地名研究很有启发意义。

本研究成果以传世文献和出土文献为基础，同时吸收了清代以来学者对两晋十六国地名的研究，将地名学的研究方法与政区研究相结合，对两晋十六国地名做全面深入考订，并做系统总结。

4. 成果的学术价值和应用价值，以及社会影响和效益

研究成果的学术价值和应用价值主要有：第一，广泛运用各种传世文献和出土文献，全面考订两晋十六国政区地名，这是研究该时期历史

地理的重要基础，也为地名辞典的编撰、地图绘制等提供了扎实可靠的研究基础。第二，在考订政区地名的基础上，对两晋十六国政区地名进行系统总结，可以为研究该时期的历史提供材料，可以揭示该时期历史的某些特征，也为地名学研究提供坚实的资料基础。第三，通过研究中国古代地名变化最为复杂时期之一的两晋十六国政区地名，既可以揭示政区地名变化的一般特征，也使断代地名研究得以展开，为其他时期的政区地名研究及其他不同类型的地名研究提供参考。

5. 成果存在的不足或欠缺，以及尚需深入研究的问题等

由于两晋十六国地名研究资料繁博、时间有限，研究成果存在的缺陷有二：其一，研究成果考订并总结地名中政区地名部分，未能对其他类型的地名如自然地名、地物地名等非政区地名加以研究。其二，由于时间有限，仅绘制几幅两晋十六国疆域政区总图，没能分章节绘制各区域的政区地名地图。

国家社会科学基金项目如符合免于鉴定结项条件，还需提供申请免于鉴定的证明材料1份，具体包括：

（1）部级领导批示的，一般还需提供相关承办部门的采纳证明；

（2）获得省部级以上政府奖的，提供证书复印件并加盖学校科研管理部门公章以资证明；入编全国社会科学工作办《成果要报》的，须提供要报首页复印件；

（3）涉密的，应提供省级保密局（或同级保密部门）的涉密证明。

2. 全国教育科学规划课题

《全国教育科学规划课题结题鉴定细则（2017年7月修订）》对结题鉴定材料的要求是：

（1）课题研究工作完成后，课题负责人填写《全国教育科学规划课题成果鉴定申请·审批书》，经所在单位科研主管部门审核合格后，

向全国教科规划办报送鉴定材料 6 套。

　　每套材料包括课题立项通知书、《课题申请·评审书》、开题报告、中期报告、《全国教育科学规划课题成果鉴定申请·审批书》、成果主件（研究总报告和成果公报）、成果附件（书稿及合同、著作、已发表的研究论文）、相关证明（领导批示、获奖情况、媒体报道及决策报告被采纳等的证明文件）、重要变更的申请及获准批复。除著作外，每套鉴定材料须统一用 A4 纸左侧装订成册。

　　申请免于鉴定的，须报送鉴定材料 2 套。免于鉴定申请未获批准的，重新报送鉴定材料 6 套。

　　（2）后期资助课题完成后，应填写《国家社会科学基金（教育学）后期资助项目鉴定结项审批书》，提交的每套材料包括：《鉴定结项审批书》2 份（A4 纸左侧装订），2 套项目最终成果，2 份最终成果简介，1 张存有电子版成果及简介的光盘（电子版须为 Word 格式）。

　　3. 教育部人文社会科学研究项目

　　《教育部人文社会科学研究项目成果鉴定和结项办法》对鉴定和免于鉴定的结项材料做了不同的规定。

　　（1）项目责任人提出鉴定申请的材料。项目《终结报告书》一式 7 份（含原件 1 份）及电子版（Word 格式）；项目成果 7 套（含原件 3 套，报送装订好的未出版的书稿的打印稿）；项目《申请评审书》或《投标评审书》《计划合同书》一式 7 份（复印件）。如研究计划有变更，应在《终结报告书》中说明，经教育部社会科学司核准的《变更申请表》附于其后装订。

　　（2）项目负责人申请免于鉴定的材料。符合免于鉴定条件的重大项目报送下列结项材料：项目《终结报告书》原件 1 份及电子版（Word 格式），有关证明材料附于其后装订；项目成果原件 3 套；项目《投标评审书》《计划合同书》各 1 份（复印件）。符合免于鉴定条件的一般项目报送下列结项材料：项目《终结报告书》原件 1 份及电子版（Word 格式），有关证明材料附于其后装订；项目成果原件 3 套；项目《申请评审书》1 份（复印件）。

4. 浙江省科技计划项目

《浙江省科技计划（专项、基金）项目验收管理办法》规定，浙江省科技计划项目申请项目验收，需通过浙江省科技项目管理系统向项目验收组织单位提交以下资料：

（1）验收申请书。

（2）项目实施工作总结报告。

（3）项目科技报告（技术报告）。

（4）项目经费审计报告或项目经费决算报告。

（5）项目实施绩效资料：①项目研究成果（专利、论文、人才培养规划、操作规程、相关标准、获奖证书、可转化成果登记表等），成果上应标注资助计划名称及编号；②涉及技术、经济指标的有关证明资料，包括具有法定资质单位出具的技术检测报告、用户报告和相关的经济社会效益证明等。

（6）根据项目验收要求需提供的其他相关资料。

5. 浙江省社会科学界联合会研究课题

浙江省社会科学界联合会研究课题完成后，应提交的结项材料有：

（1）最终成果 5 份（专著打印稿可 1 套，待正式出版后补送 5 套）；

（2）成果摘要 1 份（1500 字左右）；

（3）《鉴定结项审批书》1 份；

（4）《专家鉴定表》原件，或免于鉴定的证明材料 1 套；

（5）课题成果的电子版。

6. 浙江省教育厅一般科研项目

2018 年，浙江省教育厅在关于一般科研项目结题工作的通知中，对结题成果和结题材料做了翔尽规定。通知要求，申请结题的科研项目需报送《浙江省教育厅科研项目结题报告》1 份和项目成果材料 1 套。项目成果材料包括：

（1）论文成果。项目负责人须提供与本课题研究内容相关并由其作为第一作者或通讯作者公开发表的论文，论文作者单位须与项目承担单位一致，论文须标注项目名称或项目立项号。

论文需提交复印件 1 份，复印件应包括期刊的封面、目录、正文和封底，经与原件核对一致后加盖学校科研主管部门公章。国内学术期刊须有国际标准刊号 ISSN 和国内统一刊号 CN；发表在国外学术期刊上的论文须提供被 SCI，EI，ISTP，SSCI 等相关检索部门收录的证明。

（2）软件系统。项目负责人须提供正式登记的软件著作权证明文件；如果项目成果是软件系统或光盘，还须同时提供软件测试报告或软件使用证明。

（3）研究报告。项目负责人须提供正式的研究报告，并附上与研究内容相关的部门或单位开具的采纳证明。

（4）著作／教材等出版物。项目负责人须提供正式出版的著作或教材等出版物 1 份，并标注项目名称或项目立项号。

（5）专利。项目预期成果要求授权的，项目负责人须提供作为专利第一发明人的专利证书复印件；项目预期成果要求专利申请的，项目负责人须提供其作为第一申请人的专利授权机构正式受理证明。

值得注意的是，上面列举的鉴定材料要求中，只有全国教育科学规划课题和教育部人文社会科学研究项目的鉴定材料明确要求提供项目申请书和立项文件。那么是否意味着其他项目结题时不需要提交这两份文件？当然不是。在科研项目结题的实际操作过程中，为了保证项目研究材料的完整性，同时也为了便于项目主管部门和鉴定专家核对科研项目实际完成成果和预期成果是否一致，项目申请书、立项文件（或项目负责人与项目主管部门签订的项目研究计划书）等材料也应该作为结题鉴定材料的组成部分，因为项目验收执行的是有限目标管理制度，即根据项目申请书中所约定和承诺的目标进行一一查验，再做出是否达到要求的判定。

此外，项目负责人也可以将其他证明项目研究真实性、有效性的材料作为附件，纳入鉴定材料中，如调研类项目的调研方案、调查问卷及统计分析报告等。

第三节　结题鉴定程序

结题鉴定程序，是指项目主管部门收到项目负责人提交的结题鉴定材料后，按要求开展结题验收或者鉴定工作的流程。

结题鉴定一般是由项目主管部门直接组织，或由经项目主管部门委托的单位组织。项目主管部门会综合考虑鉴定方式、项目类别等因素，对鉴定程序做出相应规定。

一、免于鉴定程序

如果研究成果达到项目管理办法所要求的免于鉴定条件，项目负责人申请免于鉴定时，需按要求将结题材料提交项目承担单位的科研主管部门，项目承担单位的科研主管部门审核无误后，将材料统一上报项目主管部门。项目主管部门管理员对项目成果进行严格审核，对于确认符合免于鉴定条件的项目，即可办理结题手续，颁发结题（项）证书。

浙江省哲学社会科学规划课题的结项验收流程是：

项目负责人将拟结项材料提交至本单位科研主管部门，由单位科研主管部门审核后统一报送至浙江省哲学社会科学工作办。浙江省哲学社会科学工作办管理员根据结项标准对结项材料进行审核，符合结项要求的，予以通过验收，办理结题证书；未通过验收的，允许课题组延长半年期限，并重新申请验收。重新验收仍不能通过的，按撤项处理。对有争议的验收材料，由省社会科学规划办组织同行专家鉴定，根据专家鉴定意见确定是否结项。

浙江省教育科学规划课题要求：

免于鉴定的课题须提供相关符合条件的原件或加盖基层科研主管部门审核公章的复印件 1 份，在浙江省教育科学规划领导小组办公室备案后即可办理结题手续。

从项目结题的情况来看，厅局级及以下科研项目的最终研究成果大多数都能达到项目主管部门规定的免于鉴定要求，厅局级及以下科研项目的结题鉴定也以免于鉴定为主。

二、通讯鉴定和会议鉴定程序

通讯鉴定和会议鉴定作为科研项目结题鉴定的两种主要形式，在程序上都包括了确定鉴定专家、鉴定专家评审、形成最终鉴定意见等环节，主要区别在于鉴定专家的评审方式和最终鉴定意见的形成方式等。

（一）确定鉴定专家

结题鉴定，即由鉴定专家对科研项目结题鉴定材料进行评审并形成鉴定意见，因此，确定鉴定专家是启动鉴定程序的第一步。鉴定专家的确定涉及鉴定专家的职称、人数和是否需要回避等问题。各类项目管理办法对此均有具体规定。因此，要严格遵守管理办法的相关规定，否则鉴定就会无效。

（1）全国教育科学规划课题，要求结题鉴定专家从全国教科规划办建立的鉴定专家资源库中遴选，且具有高级专业技术职称或职务，学风端正，学术造诣深厚，学术判断能力强。每项课题的鉴定专家一般为3—5 人，最多不超过 7 人。课题负责人所在单位的人员不得担任该课题鉴定专家，同一单位参与同一课题鉴定的专家不超过 2 人。

（2）教育部人文社会科学研究项目，要求鉴定专家组由鉴定组织部门从本单位建立的"人文社会科学专家库"中遴选具有所属学科或相关研究领域的高级职称和较高学术水平的专家5—7人组成。根据项目的具体研究内容，可聘请相关工作部门和实际应用部门的专家参与鉴定，但鉴定项目组成员不能作为鉴定专家，且项目依托学校的鉴定专家不超过2人。

（3）浙江省科技计划项目的验收专家，由验收组织单位或者项目主管部门根据项目所属技术领域和要求，在浙江省科技系统专家库中选取确定，应包括相关领域的技术专家和财务专家。财政经费补助20万元（含20万元）以上的科技计划项目，验收专家组成员一般不少于7人，其中财务专家不少于1人；财政经费补助20万元以下的项目，验收专家组成员一般不少于5人，其中财务专家不少于1人。

（4）浙江省教育科学规划课题的成果鉴定组原则上由5位专家组成，超过5位时须呈单数。其中，鉴定专家须具有高级专业技术职务，作风正派，有较高学术水平。课题成果申报人所在单位（高校以二级院系或行政处室为单位）的专家原则上不能参加鉴定。高校社会科学（科研）处组织的鉴定，聘请的校外专家数原则上不得少于鉴定组总人数的40%。

（5）浙江省社会科学界联合会研究课题，要求鉴定专家一般应是具有高级专业技术职务或相当于高级专业技术职务的同行专家，思想作风正派，有较高的学术水平。其中，重大课题的鉴定专家须有3—5名，年度课题的鉴定专家应不少于2名。项目组成员及项目顾问不能担任该项目的鉴定专家。

上述各类项目的鉴定专家是由鉴定组织单位推荐的，也有部分科研项目的结题鉴定专家可以由项目组推荐报鉴定组织单位审批，如浙江省教育厅重大人文社会科学攻关项目的鉴定专家由项目组推荐并报省教育厅审核同意，省教育厅也会视情况选派部分专家参加评审。

（二）专家鉴定评审

无论是通讯鉴定还是会议鉴定，在专家鉴定内容上都是一致的。换言之，专家鉴定都是专家依据项目组提供的结题鉴定材料，对项目研究任务完成情况、研究内容的前沿性和创新性、研究成果的学术价值和应用价值、研究方法的科学性、经费执行情况及规范性等方面做出综合评价。通讯鉴定和会议鉴定的主要区别体现在专家评审环节。

1. 通讯鉴定的专家评审流程

各类科研项目的通讯鉴定的专家评审流程大致相同，一般是由鉴定组织单位将鉴定成果和有关材料寄送或发送给鉴定专家；鉴定专家在详细审阅材料的基础上，提出书面鉴定意见，给出是否通过鉴定的明确意见，并在规定日期前提交给鉴定组织单位。

如，全国教育科学规划课题的通讯鉴定流程为：由鉴定专家分别提出个人书面鉴定意见，评定成果等级，提出能否通过课题鉴定的明确意见；教育部人文社会科学研究项目的通讯鉴定是指鉴定专家在详细审阅材料的基础上，提出鉴定意见并进行通讯投票，同时填写并提交《鉴定意见表（个人用）》，在规定日期前返还所有鉴定材料；浙江省教育科学规划课题采取通讯鉴定的，由鉴定专家分别给出个人的书面鉴定意见，分项评定成果等级，给出能否通过课题鉴定的明确意见。

2. 会议鉴定的专家评审流程

会议鉴定方式，是由鉴定组织单位组织鉴定组专家以召开会议的方式对项目研究成果和鉴定材料进行集体评议，并形成综合性鉴定意见。

会议鉴定从理论上说可以分为两个阶段：第一阶段由鉴定组织单位代表主持，主要介绍与会专家，会议背景、任务和要求，提议和确定鉴定专家组组长；第二阶段由鉴定专家组组长主持，进入实质性的项目鉴定程序。

会议鉴定的专家评审基本流程为项目组汇报项目实施和成果情况，专家质询，项目组成员回答专家提问，专家组讨论并形成鉴定意见，宣读鉴定意见或结论。

（1）项目组汇报：由项目组负责人向鉴定专家组详细汇报项目研究计划的执行、项目完成的创新突破、项目取得的研究成果、项目产生的经济效益与社会效益、项目经费的执行等情况。汇报时间一般需要 30 分钟。

（2）专家质询和项目组答辩：鉴定会中的鉴定专家质询是指鉴定专家针对项目组汇报的内容，从专业学术角度提出问题，由项目组进行答辩的过程。质询内容涉及项目研究学术领域，也涉及项目经费使用等情况。

（3）形成鉴定意见。质询环节结束后，鉴定专家组会请项目组回避，并就项目研究情况和项目组的答辩情况进行意见交流和讨论，并在此基础上形成统一的鉴定意见。

（4）当场宣读鉴定意见或结论。

当然，不同项目的结题鉴定组织单位在专家评审环节的具体细节上会有所差别。下面就几类科研项目的会议鉴定程序进行说明。

教育部人文社会科学研究项目的会议鉴定程序：

（1）鉴定材料在会议鉴定前 15 天寄（送）达鉴定专家，专家预先对鉴定材料进行审阅，填写《鉴定意见表（个人用）》，提出初步鉴定意见。

（2）项目责任人以多媒体演示的方式汇报项目研究计划的执行情况，研究成果的内容、创新性、学术价值和应用价值等。

（3）鉴定专家提问，项目责任人和课题组主要成员进行答辩。

（4）专家组在充分评议（申请鉴定者回避）的基础上，以一次性无记名投票的方式，决定是否通过鉴定及鉴定等级。

（5）鉴定专家组综合汇报、答辩、评议和投票情况形成《鉴定意见书（汇总用）》，所有鉴定专家签名认可。

浙江省科技计划项目会议验收程序，主要包括听取项目执行情况介绍、讨论质询、专家评议、验收专家组形成验收意见等。验收的结论意见分为通过、不通过和结题3类。

浙江省教育厅重大人文社会科学攻关项目的结题鉴定会议，由项目组按省教育厅审核通过的鉴定专家名单自行组织鉴定会，并按会议专家意见如实填写《专家鉴定意见书》。

（三）最终鉴定结论确定

不论是通讯鉴定还是会议鉴定，在完成评审流程后，鉴定专家组将鉴定意见汇总到鉴定组织单位，由其进行整理和审核，并在相关网站上进行公示或者直接向申请鉴定项目负责人进行反馈。会议鉴定结论往往在当场予以反馈。

（1）针对浙江省教育科学规划课题，若采用通讯鉴定方式，鉴定组织单位根据4/5的鉴定专家的意见确定课题是否通过鉴定；采用会议鉴定方式的，鉴定组将集体形成的综合性鉴定意见、成果等级评定和能否通过课题鉴定的明确意见报鉴定组织单位，经省教科规划办审核后确定成果是否通过鉴定。

（2）浙江省科技计划项目通过专家组鉴定的，项目负责人应将专家意见通过浙江省科技项目管理系统在浙江省科技厅网上公示；经公示无异议的，即可认定为通过鉴定，由浙江省科技厅颁发"验收证书"。

（3）教育部人文社会科学研究一般项目的规定是：由鉴定组织部

门向申请鉴定者反馈专家组鉴定意见，并由教育部社会科学司对申请结项单位集中报送的结项材料和鉴定意见进行复审和抽查，对通过鉴定的项目颁发结项证明。

特别需要提醒的是，关于"结题"一词，大多数项目就意味着项目通过验收，即圆满完成了研究任务。但是有些项目，"结题"并不等于通过验收，而必须有明确的"通过验收"意见，才能确认项目的圆满完成。对于这类项目，"结题"是因为项目执行过程中遇到不可抗拒的情况，导致项目无法按原计划如期执行，经申请，项目主管部门同意确认的被迫结束项目的结论。通俗地说，这个"结题"结论，是对这个项目有个"了结"而所给的"说法"而已。但这一结论与项目终止、撤项等结论不一样，后者是由主观原因造成的，属于不遵守合同的诚信问题，结题则是由不可抗拒的客观原因造成的，两者性质截然不同。

三、鉴定结果的公布和推广

如前文所述，不论结题鉴定采取何种形式，科研项目通过结题鉴定后，项目主管部门都应向项目负责人或项目承担单位发放结题证明文件。这种结题证明文件有多种形式，多数项目主管部门以直接颁发"结题证书"或"验收证书"的方式，以示项目正式结题，如国家社会科学基金项目、浙江省哲学社会科学规划课题、浙江省教育科学规划课题、教育部人文社会科学项目等；有的项目主管部门在批量完成项目结题鉴定工作后，以统一发文方式证明项目通过结题鉴定，如浙江省基础公益计划项目；还有项目主管部门以在结题报告上盖章为证，如浙江省教育厅一般科研项目。

随着互联网在工作、学习中的广泛应用，项目主管部门公布鉴定结果的方式和渠道也呈现多样化趋势，很多项目主管部门通过定期在网站公布结题名单的方式，在提高项目结题鉴定公开性的同时，也对在研项目起到了有效的督促作用。如，浙江省哲学社会科学规划项目和教育部人文社会科学研究项目组织方现在都以"月"为单位在其网站上公布结题名单。

近年来，随着微信公众号等平台的广泛应用，部分项目主管部门通过在公众号上公布结题鉴定相关信息的方式，为项目研究成果的推广搭建了良好平台。

如2020年2月，浙江省教育科学规划办组织了"疫情与教育"专项课题的申报工作，并于4月开始陆续在微信公众号"ZJ科研之声"中发布专项课题的成果公报，大幅度提高了研究成果的推广效率，为解决疫情发生后遇到的教育实际问题提供了有益参考。

实例4-2：2020年9月2日，浙江社会科学网发布了"浙江文化研究工程重大项目'清代浙东经史学派文献丛书'结题评审会"情况

8月25日，浙江文化研究工程（第二期）重大项目"清代浙东经史学派文献丛书"（以下简称"丛书"）的结题评审会在杭州召开。浙江省社科界联合会党组成员、副主席范钧，规划处副处长董希望，华东师范大学哲学系教授陈卫平，上海交通大学特聘教授虞万里，复旦大学哲学学院特聘教授何俊，宁波大学人文学院教授张如安，浙江大学人文学院教授徐永明，项目负责人、浙江省社会科学院哲学所研究员、浙江省儒学学会会长吴光和课题组主要成员张宏敏副研究员等参会。

吴光首先汇报了课题编校完成情况。他指出，以黄宗羲为首的清代浙东经史学派，是一个崛起于清初，延续至清末，涵括经学、史学、文学、科学等多个领域而以经史之学为主体的学术流派。"丛书"收录了黄宗羲、黄宗炎、黄百家、万斯大、万斯同、万言、李邺嗣、郑梁、郑性、陈訏、全祖望、邵晋涵、章学诚、王梓材、黄炳垕等学者的主要著作加以点校，

编为 10 辑凡 450 万字。这是迄今为止关于"浙学"学派性质的最大规模的文献整理项目，由多家单位的 15 名学者耗时 15 年完成。它的出版，将有助于推动"浙学"研究的深入发展。

评审专家组对课题成果一致给予充分肯定和高度评价，认为该课题研究成果具有原创性、严谨性及较强的学术性；同时也指出了项目成果的不足之处，比如"丛书"前言不够详尽，部分文献点校质量有待提高，《明夷待访录》是否收入"丛书"尚待斟酌等；也提出了若干具体修改意见，比如增加清代浙东相关学者的未刊文献，以大数据方式对文献再加工等。课题组对专家的意见进行了回应。

范钧副主席做总结讲话。他指出，课题组全体成员在当代浙学研究倡导者吴光先生的带领下，通力合作，15 年磨一剑，体现了项目组对"浙江文化研究工程"的责任担当和高度的历史使命感，充分显示了"甘坐冷板凳"的治学品质与专业素养。专家组提出的建设性意见，有助于进一步提高项目的完善度，期待学术界未来在使用"清代浙东经史学派文献丛书"重大成果时，从中得到启发，产生更多具有原创性质的浙学研究成果；同时也希望文献点校者继续努力，精益求精，严把质量关，协助出版社完成书稿的后期出版工作，为"浙江文化研究工程"实施 15周年献礼！

新闻通过对项目研究成果、结题评审会程序和专家评审意见等内容的公开，肯定了项目研究成效，明示了结题评审程序，提出了项目中值得深化的问题，为项目组进一步完善研究成果指明了方向。同时，通过"浙江社会科学"微信平台的影响力，也可给予该领域其他研究人员以重大启示。

下　编

教育科研论文的写作与发表

　　论文能得到发表（尤其是在核心刊物上发表），是每位教科研工作者的重要目标。高质量的论文，是作者综合素质的集中体现。就论文而言，观点新颖、逻辑严密、条理清晰、文字简洁、细节严谨，既是高标准，又是基本要求。要使论文得到顺利发表，不仅要体现选题的创新性、方法的科学性、写作的规范性、论证的逻辑性、表达的准确性等重要特征，而且要研究期刊特色，符合期刊要求。

第五章　教育科研工作的意识与导向

　　无论是高职院校还是中等职业学校，关于是否要开展科研工作的争论一度十分激烈。人们普遍认为，职业院校的主要任务是做好人才培养工作，对于教师而言就是做好教育教学工作，同时教师因课务重而根本没有时间从事科研工作，教学与科研之间的矛盾无法解决，科研工作必然影响教学工作；同时认为，职业院校不像本科院校，无论是从科研基础来说，还是从科研环境来说，都不具备科研工作的条件。之所以产生这些争论，主要在于意识问题。也就是说，对教育科研工作缺乏必要的科学意识。首先，对科研与教学之间的关系问题缺乏科学认识。试想，作为一名教师，如果自己只是教材的二传手、知识的传音筒，人云亦云，不敢怀疑、不敢创新，那么如何能够培养出具有创新意识和创新能力的学生呢？其次，对教育科研工作缺乏全面深刻的认识，认为教育科研工作只是单纯地做点课题、写点论文，没有认识到教育科研工作在引领教育教学改革和发展中的重要性和必要性。事实证明，教育科研工作，不仅贯穿于学校发展的全过程，而且贯穿于教师和学生成长与发展的全过程，对于促进教师的专业成长和发展、学生创新意识和创新能力的培养都具有重要的引领作用。因此，只有广大教师树立正确的教育科研意识，才能推动教育科研工作的健康、可持续发展。

第一节　批判意识与实践意识

众所周知，疑是思之始、学之端，质疑是人们获得真理的第一步。因此，批判意识是任何科学研究的动力和源泉，没有批判，就没有问题；没有问题，就不可能推动创新和发展。有了批判意识和问题意识，还应该树立实践意识，要善于从文献研习、教育教学、社会观察、社会服务等实践中去发现问题、解决问题。

一、批判意识

批判意识，也叫质疑意识。我们国家往往将"批判""批评"看成贬义。事实上，"批判""批评"并不完全是贬义的，在学术领域恰恰是值得大力提倡的。学术需要"百花齐放、百家争鸣"，学术研究需要批判意识和批判精神，需要科学的批判态度和批判方法。只有"批判"，才能为学术研究注入不竭的动力源泉，否则就谈不上创新，学术研究就不可能得到真正的繁荣发展。

从事科研工作，首先要树立质疑意识，切不可人云亦云。问题的关键是很多老师不知从何处质疑，如何批判，很多年轻老师不知道做课题、写论文从何处入手，总觉得缺乏素材。其实，在日常学习和工作中，只要稍加留意，就会发现创新的素材就在自己身边。比如，人尽皆知的"春眠不觉晓，处处闻啼鸟。夜来风雨声，花落知多少"，诗中的"落"字究竟做何解释？在小学语文课本上，一般将其解释为摇落、打落、掉落等。

笔者认为，这种解释确实没错，但是原浙江省教育委员会主任邵宗杰先生却认为，这些解释就这首诗而言是错的，至少是不恰当的。科学研究并不是无端质疑、随意批判的，而是要用事实说话，要用论据来证明观点。做课题、写论文就是运用充足的材料、通过正确的论证方法得出科学合理的结论，做到自圆其说。邵先生在提出观点后，就要用材料证明自己的推论，他在查阅的很多工具书中并未发现能证明自己推论的解释，终于在《康熙字典》中发现"落"字还有"开""发""生"这3种含义。他认为，这些解释最符合该诗的题意，是最为恰当的解释。在此基础上，他引用了其他有"落"字的古诗句，如《江南逢李龟年》的"正是江南好风景，落花时节又逢君"，诗中的好风景应该是花开时节，若是凋谢季节又何以称为好风景呢？最后以孩子"呱呱落地"，即一个新生命的诞生给全文画上圆满的句号。这里，邵先生的解释是否正确已不是关键问题，而是那种具有质疑和批判性的思维方式值得学习借鉴。这也充分说明，哪怕是对一个汉字的释义也需从批判和质疑开始，更何况科学研究呢？批判和质疑是一切学术研究的动力源泉。

二、实践意识

实践意识，也叫应用意识，是指从事教育教学实践的一线教师，无论是做课题，还是写论文，一定要立足实践，突出应用性，不要像教育研究机构中的专职研究人员一样，专门从事基础理论研究。实践应用研究完全不逊于基础理论研究，谁也无法否认应用研究的重要性，正如中国科学院和中国工程院，"两院"的地位和作用同等重要，没有孰重孰轻之分，只是"两院"之间的定位和侧重点存在不同而已。作为一线教师，要养成善于运用教育教学理论指导教育教学实践的方法和习惯，但这并不意味着非得直接从事教育教学理论研究工作。一线教师的教育科研工作，主要是在科学理论的指导下进行，但更多地参与实践应用研究而不是基础理论研究。简单地说，一线教师要善于从教育教学实践中发现问题，探究问题的本质和原因，寻找解决问题的方法和实现途径，最后将这种方法和途径重新回归教育教学实践，从中得到应用、验证和提升。我们强调，一线教师的教育科研工作一定要"接地气"，俗称要"把论文写在教室里、写在课堂上、写在学生身上"。简言之，教育教学实践是教育科研的出发点和归宿点，从教育教学实践中来、又能回到教育教学之中发挥有效指导作用的教育科研成果才有意义、才有价值，这也正是教育科研工作的正确导向。教育科研可以讲兴趣，但不能纯粹地将其做成"自娱自乐"式的工作，教师应充分发挥教育科研成果的实践价值和应用价值，为学校、同行起到示范指导作用，引领课程改革、教学方法改进等，从而推动教育教学改革，提升教育教学质量。

同样，关于工程领域等实践性、应用性较强的问题，对于职业院校的一线教师来说，也要树立从实践中来、到实践中去的导向，一定要增强实践意识、应用意识，勤于下企业、进车间，能够帮助企业解决实际技术难题的研究就是好课题，能够转化为现实生产力的成果就是好成果，这就是大力提倡的"把论文写在大地上、写在车间里、写在产品上"。否则，教育科研工作很容易陷入"上不接天、下不着地"的"空中楼阁"尴尬局面。

第二节　规范意识与精品意识

规范意识对于科研工作具有特别重要的作用，这既关系学风建设问题，也关系科研导向问题。只有严格遵循学术研究规律，践行学术规范，才能不断推出具有创新意义的成果。规范与精品之间紧密相关，没有规范，就不可能产生精品；缺乏精品意识，也就不可能产生高质量的学术成果。

一、规范意识

无论是写一篇小论文、做一个小课题，还是做重大、重点课题，一定要树立规范意识。第一，规范意识要求突出工作规范，具体表现为 4 个方面 16 个字：工作踏实、方法科学、数据准确、结论可靠，其中，工作踏实、方法科学是确保数据准确的前提。只有做到上述 4 个方面，才能最大限度地保证结论的可靠性、可信度。包括教育科研领域在内，长期以来形成了很多不良现象，从学校到教师，对课题申报和立项环节高度重视，申报积极性非常高涨，但关注重点却往往是能否获得立项。然而，一旦获得立项，很多教师基本上就不做了，一直到科研主管部门下达文件要求结题时，才会想到还有课题没有完成。于是加班加点，甚至利用国庆长假"编"结题材料。须知，"编"出来的"成果"与扎扎实实做出来的成果绝对不可同日而语。这样的所谓"成果"，数据（材料）从这篇文章摘一点，从那篇文章摘一点，材料与材料之间、材料与观点之间缺乏必然的逻辑关系，明显带有拼凑痕迹。这种"编"出来而不是做出来的成果，其结论是难以成立和令人信服的。只有脚踏实地研究课题，才会取得有效数据（材料），才会得出可靠真实、可信可行的结论。这就需要从课题管理部门到承担单位直到课题组，切实重视整个研究过程，每个环节乃至细节都认真对待、一丝不苟。否则，这个课题和成果就是空的，取得一个课题不容易，废掉一个课题却很简单。这样的课题研究，不可能让研究者从中得到系统、真实的科研训练，更不可能使其养成严谨的治学态度和治学精神。因此，必须切实改变"重申报立项、轻过程管理"的弊端，确保成果的水平和质量。可喜的是，科研主管部门近年来已充分关注到这个问题，对课题研究和管理过程的重视程度不断提高，对成果的质量导向也越来越强化。第二，规范意识强调的是学术规范。其实，工作规范从大的方面来说也是学术规范，这里所指的学术规范主要是指尊重前人和他人的研究成果，自觉遵守学术道德，恪守学术诚信。关于此方面的规范，后文将做详尽阐述。

二、精品意识

精品意识，也叫质量意识、品牌意识。从事教育科研工作，要生产精品，树立质量和品牌，就须做到以下两点：第一，入门要正；第二，立志要高。入门要正，就是要达到前面所说的工作踏实、方法科学、数据准确、结论可靠等基本要求，包括论文在内的科研成果不是"编"出来的，而是实实在在做出来的、写出来的。比如，中小学教师都要开展家访工作。那么，如果教师在每次家访中都认认真真地详尽记录，而且对所访学生的家庭状况（包括父母职业与家教理念，长辈情况与家教理念，家庭经济状况、家庭与周边环境等）都做了细致分析，就可以比较客观和科学地对家庭环境与小孩成长之间的关系做出判断。这样做过认真调研、分析判断后得出的结论，肯定不会陷入贴标签式的境地。在所有的科研工作中，都要切忌贴标签式的所谓研究。比如，对于大家非常关注的留守儿童、离异家庭（单亲家庭）儿童，千万不要先给这些孩子贴上标签，先入为主地认为这些孩子的学习和品行肯定与父母双全或父母陪伴在身边的孩子之间存在明显差距，甚至认为他们肯定是有问题的学生。这种先入为主的看法和结论往往带有极强的臆测性、片面性甚至武断性，不仅不科学，其影响更是负面的、害人的，严重者会影响这些孩子的身心健康和成长发展。在这种先入为主的想法下进行的研究不可能取得真实的成果，更谈不上精品课题。事实上，一些父母双全甚至都是高级知识分子、家庭经济条件优越的孩子，也会在品行或学习方面，甚至多方面存在这样或那样的问题。心理问题、品行问题、学习问题等并不是单亲家庭孩子或留守儿童的"专利"。在单亲家庭孩子和留守儿童中，同样有很多品学兼优的学生。这就充分说明，只有端正科研态度，树立求真务实的学风，才能取得"真成果"，产生精品，树立品牌。

立志要高是指做课题或写论文，要力争把课题做好、把论文写好，充分体现自己的研究水准，确保成果质量。笔者多年来对自己的要求不是成果的量，而是成果的质，要么不写论文，要写的话就要达到核心刊物发表的水准。即使是应一本内部刊物方的约稿，既然答应刊物方提供论文，就要拿出代表自己水准的成果，千万不能敷衍了事。这既是对刊物负责，绝对不能影响刊物的声誉和牌子；也是对自己负责，维护自己的声誉。这就是精品意识和负责任的态度。

第三节　特色意识与循环意识

无论是个人还是团队，从事科学研究必须具有明确的学术方向。只有学术方向明确，才能充分体现个人、团队和学科的特色，才能在相关领域拥有学术话语权；明确的方向和鲜明的特色，是支撑科研工作持续发展的重要源泉。也只有这样，才能形成良性循环的科研工作态势。

一、特色意识

特色意识，也叫方向意识。从事科研工作要逐渐形成明确的研究方向，只有方向聚焦，才会形成研究特色，从而在某一学科专业领域（或方向）取得话语权。反之，如果做科研工作，东一拳头、西一锤子，就会让人觉得做科研的人是一个博而不专的万金油。首先，个人精力和时间毕竟是有限的，什么领域都涉及是精力所不允许的；其次，每个人也是有专长的，在这方面有特长，不见得在其他方面也有特长。在科研工作中，一定要学会扬长避短、突出优势。比如，笔者的主要研究方向是区域历史文化，且聚焦于衢州的历史文化名片——孔氏南宗文化。2007年之后的 10 多年间，笔者的课题和成果主要体现在孔氏南宗研究方面。《三十年来的孔氏南宗研究》[①]一文针对孔氏南宗研究梳理的 37 项成果中，

[①]吴佩林、蒲凤莲：《三十年来的孔氏南宗研究》，《浙江档案》2020年第2期，第44—50页。

就有近 1/3 的成果是笔者及团队所取得的。笔者在自我介绍时，绝对不会说自己从事历史研究，因为作为 13 个学科门类之一的历史学毕竟太大了，仅仅一级学科就有"中国史""世界史""考古学"3 个。因此，就要把研究方向聚焦、聚焦再聚焦，先聚焦到某一领域——区域历史文化，再聚焦到某一具体问题——孔氏南宗文化。只有这样，才能彰显研究特色和品牌，在该领域取得一席之地和话语权。

二、循环意识

循环意识，也叫可持续意识，即力争形成良性循环甚至优性循环的科研工作态势。如果一个课题或一篇论文完成后，研究者觉得在该话题上已无话可说，某种程度上就意味着该课题或论文的失败。如果在做某一课题的过程中，又生成了另一课题，产生了其他成果，这样就形成了良性循环的态势，研究特色和品牌也正是在这种良性循环的过程中打造出来的。比如，笔者从事孔氏南宗研究，在写某一篇论文的过程中，关注到了历代衢州地方官员对孔氏南宗发展所起的不同作用。但此问题却不是该论文的重点，此时就思考能否就该问题形成一篇专题论文；后来在写《历代地方官员与孔氏南宗》一文时，又发现明代衢州知府沈杰对孔氏南宗的贡献特别重大，那就又在思考能否就沈杰与孔氏南宗写一篇专题论文，还有哪些地方官员能单独成文。由此深挖下去，就如"滚雪球"一样越做越大，有写不完的论文、做不完的课题，这就是科研工作的良性循环和可持续发展。

第四节　团队意识与开放意识

在科研工作中，要正确处理好个人与团队之间的关系。特别是高校教师（工科教师尤为突出），如果不能主动融入团队、融入学科，缺乏开放的视野和良好的协作精神，其科研工作必然会陷入离散的散兵作战现象。这不仅影响个人科研工作的可持续发展，而且影响学科方向的凝练和聚焦，从而势必影响学科团队的打造和整体科研实力的提升。

一、团队意识

从小的方面来说，一个课题需要成立一个课题组。课题组成员就要树立团队意识和责任意识：一方面，各成员要努力为课题研究做贡献；另一方面，通过参与课题研究得到真正的科研训练，为今后主持课题奠定基础。从大的方面来说，学校、学院直至学科团队，要对科研工作做出整体性和全局性谋划，科研处（教科室）处长（主任）要对全校性的整体科研工作做好顶层设计，认真思考从哪些领域打造学校科研特色和品牌，善于设计学校的龙头课题和长远课题，从而把个体力量凝聚为团队力量。比如，衢州市柯城区大成小学（原衢州师范学校第二附属小学）曾做过关于家政教育的课题，前后持续 10 年左右，工作十分扎实，成果颇丰，效果显著。因此，该成果获得浙江省基础教育成果奖一等奖及教育部相关奖项。之后，该校继续对该课题展开进一步的深入研究，不断推出成果，扩大影响。这种课题和成果具有显著的应用价值和实践意义，完全不是自娱自乐式的教育科研工作，也不是以获奖为终极目标的研究，这正体现了教育科研的正确导向。由此一来，省内外很多学校纷纷来该校考察家政教育问题，家政教育研究和实践就自然而然地成为该校教育科研的品牌和亮点。很显然，这类课题需要团队的合力协作。

团队合作过程中，一是要充分发挥各成员的积极性和主观能动性，成员之间既要明确分工，又要紧密合作；二是课题组各成员的成果要围绕主课题，切忌出现各自为政、成果多而散的现象，否则就很难支撑成果特色的凝聚、品牌的打造和团队的形成。团队合作是促进整体科研工作形成良性发展的必要条件，重点学科、重点专业、重要平台、重大奖项等方面的申报，都要以团队的整体力量和水平为基础，成果的关联性则往往是大家的重要关注和考察点之一。一个团队绝对不是人员的简单凑合，其内涵则是通过项目、成果等关键要素得到彰显的，团队的整体力量和水平就是从项目、成果的层次、数量、质量及相互之间的支撑度等方面得以体现的。

二、开放意识

从事科学研究切忌闭门造车、故步自封，必须树立开放意识，拥有广阔的视野和宽广的胸襟。开放意识主要表现在以下 3 个方面：一要密切关注学科动态，跟踪学科前沿。这不仅有利于避免重复别人研究的现象，也有利于调整自己的研究方向、技术线路和实施方案。只有这样，才能始终处于主动和领先的局面，否则就会步人后尘、陷于被动。二要广泛开展调查研究。只有开放式的调研，才能最大限度地获取有效的材料。三要广泛吸收各方意见。很多情况下，修改自己的课题申请书或论文，确实很难下手，一方面是局限性比较大；另一方面是难以割舍。因此，一份课题申报书或一篇论文初稿完成后，需要广泛征求意见，不仅要向专家、学者请教，而且要向周围同事征求意见。当然，对包括专家在内所提的意见和建议要正确看待，再做出科学判断，恰当的、有高度的则加以合理吸收，不太恰当的则姑妄听之。

上述各方面，不仅是科研工作者应该树立的基本意识，也是一科研工作者应该具备的基本科研素养。这些意识和素养，对于科研工作具有重要的导向作用。批判意识是科研工作的动因，实践意识是科研工作的立足点；规范意识事关学风和科研态度，精品意识事关成果的质量和高度；特色意识彰显学术话语权和学科影响力，循环意识促进科研工作的可持续发展；团队意识展示学科和学校的整体科研实力，开放意识体现科研工作者的胸怀和格局，使之永远处于学科之前沿。当然，这些意识之间绝不是独立的，而是互为因果、互为促进的。

第六章　教育科研论文的选题与创新

选题是整个研究工作的逻辑起点，无论是课题的选题，还是论文的选题，都要突出创新性。创新是任何研究的本质和价值所在，创新性因而也是课题和论文选题的灵魂。人们常说的"提出问题比解决更重要"，一语道出了选题的极度重要性。首先，选题反映了研究者的学识积累和研究方向。要提出富有创新意义的问题，不仅需要研究者拥有较为深厚的学识和底蕴，而且需要研究者具有捕捉问题的敏锐性和判断力。其次，需要研究者掌握较为科学的研究方法，准确掌握搜集材料、整理材料、运用材料、分析材料的方法，善于从常见与罕见、新与旧、普通与特殊、共性与个性等不同类型的材料中发现和捕捉到有价值的问题。最后，要科学认识创新的本质和内涵，创新并非都是从零开始的填补空白，可以是量的增加、质的突破与飞跃，创新的内涵是十分丰富的，创新的前景也是十分广阔的。总而言之，教育科研工作不能丢弃创新这个灵魂。

第一节　教育科研论文选题的创新性

创新是任何研究的本质和价值所在。写论文、做课题，绝对不能只是简单地重复乃至复制、迁移前人的研究成果，必须要在已有研究和成果的基础上有所发现、有所创新。因此，要从事科研工作，就要牢固树立创新意识，提高创新能力和水平。

一、科研工作与教学工作的本质区别

科研工作与教学工作之间存在着本质区别。教学工作的重要特征有两种说法：一是"从头说"。即课堂教学要从最基础的知识开始讲，比如小学一年级语文老师，一般是从汉语拼音、识字和书写教学等基本内容开始讲，小学一年级数学老师一般是从数的认识和四则运算教学开始讲。目前，高校的许多专业课流行从"专业导论"入门。二是"重复说"。如果一名老师担任两个以上平行班的教学任务，各班之间的教学内容完全一样；去年与今年如果任教同一年级，那么教学内容也就基本一样，只是在教案和具体教学方法等细节上略有不同。

但是，无论是"从头说"还是"重复说"，都不适用于包括教育科研在内的科学研究范畴，否则就背离了科研工作的"创新性"特征，这样的课题不会获得重复立项，论文也不会得以重复发表。做课题、写论文必须在已有研究和成果的基础上具有新发现，提出新观点，否则就没有任何意义和价值。

那么，科学研究应该怎么说呢？主要说法也有两种：一是"接着说"，即在已有成果基础上，对该成果做进一步深入研究，提出新观点，产生新成果，这就是通常所说的"站在巨人臂膀之上"。比如，在某次学术研讨会上聆听了报告人的部分观点，从中受到重大启发，会后对自己的研究做进一步深化，提出了新观点。基于旧观点的新发现、新结论就是创新。二是"换着说"，即提出或利用有别于已有方法的新方法，达到了同样甚至更好的解决问题的效果。有一位数学专家认为，搞科研就是"胡思乱想"，别人用 N 个条件得到一个结论，那么条件能否少一个，结论能否多一个，表述能否更简洁，操作能否更简便……最后新的结论终于被推导出来了，这就是创新。当然，这里所说的"胡思乱想"是建立在扎实的学科背景和严密的科研思维基础之上的，并非真正的胡思乱想。比如，《基于键合图法的叶片泵启动特性仿真》一文中所说的"功率键合图法"就是基于传统方法的一种创新，其达到了更好的效果："此前我们也对高比转速的混流泵开机、停机等瞬态过程做了试验研究。本文拟在前期试验的基础上采用功率键合图法对叶片泵启动过程的动态特性进行数值仿真。键合图是描述系统功率流的传输、转化、贮存和耗散的图形表示，其建模法的基本原则是把流体系统的结构及各主要动态影响因素以图示模型形式加以表示，用状态方程作为数学模型的形式，从图形模式出发，建立系统的动态数学模型，然后进行计算机仿真求解。"[1]

二、科研工作与宣传工作的本质区别

科研工作与宣传工作之间也存在着本质区别，主要在于两者之间思维方式的不同。宣传工作遵循的思维方式是"求同思维"。当前，全党全国正在深入学习贯彻习近平新时代中国特色社会主义思想，那么从中共中央宣传部，到各省区市委宣传部，到各设区市委宣传部，再到各县（市、区）委宣传部，直至乡镇宣传部门，宣传工作的主题、主线都要十分清楚，必须做到一脉相承、一以贯之。宣传工作最大的任务和特点就是要把全党思想统一起来，达到凝心聚力的目的，这就是求同思维。当然，在具体宣传工作中，完全可以根据各地实际情况，创新方法、方式和途径。

---

[1]王乐勤、吴大转、胡征宇等：《基于键合图法的叶片泵启动特性仿真》，《工程热物理学报》2004年第25卷第3期，第417—420页。

科学研究所遵循的思维方式则完全不同，那就是"求异思维"，其所大力倡导的是"百花齐放""百家争鸣"。因为，"从本质意义上说，创新的含义是指在人类物质文明、精神文明的一切领域、一切层面上，能先于他人，见人之所未见，思人之所未思，行人之所未行，从而获得人类文明的新发展、新突破"，求异思维则是"孕育一切创新的源头"，科学需要在"疑"中求异，在"疑"中创新，"科学五大要素中，最核心、最关键的，还是个'疑'字——即'理性地怀疑'。不疑就不会有异，没有异就没有新。难怪伟大的思想家马克思要郑重地宣告，他终身钟爱的人生最高格言是'怀疑一切'"[①]。

三、对选题创新性的科学认识

厘清了科学研究与教学工作、宣传工作之间的本质区别之后，对创新的意义、内涵也就有了更深的认识。事实上，创新并不是高不可攀的，因为创新有层次上和程度上的不同，研究者既要尊重创新，但又不能畏惧创新。创新并非一定得填补空白，前文所说的"接着说""换着说"也都是创新。前人所未涉及的领域，毫无疑问具有填补空白的意义；发现前人和他人研究成果中使用的方法不够科学、深度不够等，在此基础上做进一步深化、完善，这就是基于已有研究的创新；发现前人或别人的研究结论有问题，通过科学的方法、严密的求证后予以纠正，也是一种创新。有时，甚至通过质疑和论证，发现不是已有结论有问题，而是自身的认识理解存在偏差，这又恰恰更证明已有研究的科学性和正确性。

---

①蔡德斌：《科学、创新与求异思维》，《民主与科学》2001年第12期，第16-17页。

此外，对某一领域、某一问题的已有成果进行系统整理，如各类大型工具书，这种整理性成果虽然没有量的增加和质的突破，但极大地方便了学界同行的研究，因而同样具有创新意义。如，衢州学院完成的重大项目——《衢州文献集成》就属于这一类。浙江素有编纂大型地方丛书的优良传统。清代以来，浙江的许多州府都编有地方丛书，如杭州的《武林掌故丛编》，嘉兴的《俊李丛书》，台州的《台州丛书》，宁波的《四明丛书》，湖州的《吴兴丛书》，温州的《永嘉丛书》，金华的《金华丛书》，等等。在浙江历史上的 11 个州府中，只有衢州和严州从未编纂过大型丛书（后者已并入杭州）。衢州文献散失现象较为严重，给衢州的历史文化研究带来了很大困难。《衢州文献集成》（共 200 册），按"经""史""子""集"4 部编排，收录了衢州先贤和外地人士撰写的有关衢州的 236 种著作，包含了绝大部分现存的衢州著述，是衢州版的"四库全书"。《衢州文献集成》的编纂出版，是第一次对衢州历史文献的系统、全面、完整的整理汇编。其一方面填补了浙江衢州历史上没有编纂过大型地方文献丛书的空白，在衢州乃至浙江文化建设史上具有里程碑意义；另一方面，其是积极服务区域经济社会发展、传承和弘扬中华优秀传统文化的一项标志性成果，不仅有利于对衢州历史文化研究的深入，而且为推进新时期地方文献整理工作提供了全新样本。

第二节　选题创新性的基本要求

要突出即将从事研究的课题或撰写论文的创新性，就必须充分把握前（他）人已经做了什么、做得怎么样、哪些问题需要自己去做、自己又能解决什么问题、自己将做的与已有成果有何关系等重要问题。这是从事科研工作的必备基本功和素养。

一、全面系统地了解和掌握已有研究成果

这是一个涉及学术史的问题。撰写过课题申请书的教师都知道，申请书的第一个问题就是要说清楚同类课题的研究现状，即梳理相关学术史的问题，要求申请者对他人做了哪些相关研究、取得了哪些相关成果等问题了然于心，要突出全面性和系统性。当然，对这些成果不能简单地"眉毛胡子一把抓"，要有敏锐的眼光和准确的判断，分清主次和轻重，善于从庞杂的成果中提取有分量的部分。

二、科学归类和客观评价已有成果

要对已有成果做出科学归类和客观评价，尤其是要对已有成果解决了哪些问题、解决得怎么样、创新程度如何、存在哪些问题等方面做出认真分析和科学评判。对这些方面尤其是存在的突出问题梳理清楚、分析透彻之后，即将开展的研究内容也就自然而然地明晰了。实际上，要

突出课题和论文的创新性，简单地说，就是要掌握以下三部曲：第一步，主要通过文献检索的方法，了解和把握国内外研究现状，目前知网、维普、万方等系统为文献检索工作提供了极大方便。文献检索最好是遵循"由新到旧""由近及远"的原则。如果始终关注学科前沿，能够掌握相关研究的最新成果，就可以通过其所列的参考文献了解到之前的相关研究成果；如果一开始就查阅了 20 年之前的研究成果，就不可能从中发现此后的相关动态和成果。第二步，科学归类和客观评价已有研究成果。首先，需要对已有成果进行分门别类；其次，对已有成果做出科学评价。在评价已有成果时，要力戒两种不良倾向：一是虚无主义，即为了强调自己选题的重要性和意义价值，没有经过系统的文献搜集和整理，就盲目得出类似于"到目前为止，关于该问题的研究几乎是一片空白"的结论，填补"空白"则意味着这个研究具有首创意义，所以一定要慎用；二是否定主义，即对前人的研究成果虽然掌握得很全面，但为了突出自己选题的重要性和意义价值，对已有成果的贡献、价值和意义视而不见，甚至给予不恰当的贬低和否定。这两种态度显然都是不可取的，都容易令人反感。

三、找准选题的切入点和突破口

合情合理的做法是：既要全面系统地了解已有相关研究和成果，又要对已有相关研究和成果做出客观而中肯的评价。首先，要明确已有研究及其成果与即将开展的研究之间的关系，对自己的研究提供了哪些理论指导或实践参考。其次，要明确已有成果还存在哪些问题，如哪些方面没有涉及、哪些方面停留在较浅层面、哪些结论或观点值得商榷等，为选题所涉及的具体研究内容埋下伏笔。具体而言，对已有成果中没有涉及的关键问题展开研究，就具有填补空白的意义；对停留在较浅层面的成果开展进一步研究，就具有深化和完善的意义；对值得商榷的结论或观点展开探讨，就具有质疑纠正的意义。这些问题如果在课题申请书第一部分或者论文序言中得以清晰表达，评委、编辑、读者就能一眼看出论文（课题）的主要研究内容、拟解决的关键问题及主要创新点等核心内容。

第三节　论文选题的基本原则

要真正体现课题和论文选题的创新性，除了相应的学术积累和基本的科研素养之外，还需要研究者密切跟踪学科发展动态，及时把握学科最新成果；密切关注各级党委、政府的大政方针和经济、社会、科技发展趋势，善于从社会现实中捕捉热点问题、难点问题；善于将自身的学术积累与所在区域的特色资源有机结合。对于教育科研选题而言，年轻教师要"着眼于教育教学实践""紧盯学科专业建设""瞄准经济社会建设和社会事业发展主战场""学会从同事（团队、导师）那里获得项目""学会从文献资料的学习中获得项目"[①]。只有这样，才能体现选题的前沿性、现实性、独特性和交叉性等原则，从而突出选题的创新性。

一、选题的前沿性

基础研究中的前沿性，要求体现学科的前沿性问题。例如，研究外国哲学的教师，一般选择最近一二十年内的哲学思潮为研究对象；研究区域经济学的教师，一般选择最近区域内发生的经济现象。对于职业院校的广大教师来说，无论是做课题还是写论文，都要密切关注国家、省关于职业教育改革和发展的大趋势，然后充分考虑如何根据这些大趋势，

[①]刘明生、宋平：《高校年轻教师为师之道》，《教育研究》2010年第1期，第100—103页。

体现前瞻性和引领性，为职业教育改革和发展提供实践案例和参考指导。这就需要选题时充分立足本地实际，从中发现问题，提炼课题，形成包括论文在内的研究成果。

二、选题的现实性

要突出选题的现实性，就要求研究者树立强烈的问题意识，密切关注现实中的热点、难点和焦点问题。例如，《浙江加工型产业集群发展与标准建设研究》《浙江对外贸易与产业结构转型升级关系的实证研究》《旅游产业雁群效应与区域经济增长——基于台州旅游业的案例研究》《大力培育内需市场，促进产业和消费"双升级"研究》《我省县级社会矛盾纠纷调处化解中心建设的问题及对策》《乡村数字化建设的有益探索与促进策略》等课题，就是针对现实中亟待解决的问题而展开的，充分突出现实性原则。职业教育尤其是中职教育领域的科研工作，主要以教育科研为主，选题要立足实践、关注现实，要关注问题的解决，要瞄准教育改革发展和教育教学中的具体问题，重点关注课程改革、教材建设、教学方法创新、学生成长发展等现实问题，让研究成果更好地转化为教育教学资源，更好地服务人才培养这个根本目标。

三、选题的独特性

独特性是指人无我有、人有我特。各地、各校都拥有独特的资源、理念和实践等，教师要善于将这些独特的资源、理念和实践转化为课题和论文选题，有特色才会有生命力。当然，对于这些独特性素材要精心提炼，要以科学、准确、合适的表述方法获得评委、编辑的充分认可。

比如，笔者从事的孔氏南宗研究，其对象"孔氏南宗"就富有独特性。笔者目前在研的浙江省哲学社会科学规划重点课题"孔氏南宗文献整理与研究"在国家图书馆出版社举行开题会议时，由于这一研究对象的独特性、唯一性，专家们对此表现出极大兴趣和高度认可，国家古籍保护中心随即将其纳入中华古籍保护计划项目，给予大力支持。该项目还有一大亮点：孔子第 47 世孙孔传编纂的《孔氏六帖》（宋乾道二年刻本）共 30 卷，被称为文献学界的《富春山居图》，其中 1 卷收藏于大陆，29 卷收藏于台湾，若能将分藏于两岸的刻本一起影印出版，其意义就可以与艺术界的《富春山居图》两岸"合璧"相提并论了。

四、选题的交叉性

在学科交叉越来越广泛的大趋势下，教师在进行课题研究与论文撰写时要更多地关注交叉性的选题，这种交叉性不仅体现在自然科学学科之间、人文社会科学学科之间，而且体现在自然科学与人文社会科学之间的学科。学科之间往往具有相融性和互补性，有些问题单靠某一学科已无法得到解决，必须运用多学科的知识体系和研究方法才能得以实现。例如，"当代西方主义的大众文化批判理论研究"课题，既涉及哲学，又涉及文化学和马克思主义；"儿童媒介识读能力和介入策略研究"课题，既涉及儿童心理学，又涉及新闻学；"太湖流域人口与生态环境的变迁及社会影响研究（1851—2005）"课题，既涉及历史学，又涉及社会学。这样的交叉性选题很容易得到延伸。再比如，当下大力提倡的"思政课程"与"课程思政"，前者相对而言具有专门性，后者则需要在其他学科教育中恰当地融入思想政治教育内容，但这并不是"贴标签式"的，而是要让学生在各专业课的学习中自然而然地、润物细无声般地得到思政教育，这就是典型的学科交叉。要达到如期目的，就需要教师的教育智慧和教育艺术，需要教师认真开展相关研究。因为这里不仅没有可以供大家照搬照抄的固定模式，而且"课程思政"和"思政课程"作为永恒的课题，充分体现了与时俱进的特点，主动适应不同时代的要求，在研究中探索，在探索中实践，在实践中完善。"课程思政"领域的交叉研究大有拓展和深化的空间，而且很容易实现突破。

第四节　题目表述的基本技巧

论文题目是让他人感受到的第一重要信息，往往具有"未见其人，先闻其声"的作用。要让编辑、评委和读者对论文引起足够的重视和兴趣，作者就必须高度重视和把握好这个第一重要信息，这就需要掌握题目表达的技巧。题目表述要做到大小适中、简洁明了、指向明确、彰显灵魂，将论文之"精华"高度浓缩于简洁的题目之中，紧紧吸引和打动对方。

一、论文选题要熟而小

首先，论文选题要做到取熟避生，这就要求研究者对该问题有足够的了解和把握，也就是通常所说的"话语权"。千万不能就一知半解、甚至道听途说的问题去"凑热闹"，否则容易闹笑话，这是研究者对该问题不熟悉而导致的必然结果——话语权缺失。其次，选题的切入点要小而实，写论文既提倡大题小做，从小处着眼，也提倡小题大作，以小见大。千万不要选择诸如"麻袋题""箩筐题"之类的论题作为具体的论文题目，这类论题往往包含了许多可以单独成文的题目，绝对不是一篇甚至几篇论文所能讲清楚的。

试比较以下两组题目。

A 组：

题目 1——《关于素质教育问题的研究》。

题目 2——《关于中职 ×× 专业新生自我管理能力的培养研究》。

题目 1 中的素质教育问题切入点显然太大。题目一旦太大，研究者就不易把控，而且往往容易流于空泛，指向不明确，从而导致写不到实处、解决不了实际问题。目前，关于素质教育问题的论文不知发表了多少，著作也不知道出版了多少，但素质教育问题始终没有得以讲清。更何况在不同时代、不同国度，素质教育问题也有所不同。这类题目不适合于作为具体的课题和论文题目。

题目 2 就显得很实，从众多的素质要素中提取一个具体问题，即以"自我管理能力"为关键词，指向十分明确，且以"中职 ×× 专业新生"为对象。这一选题就体现了"实"的特点，在具体写作过程中就会感到有话可说，并且能够说到实处，文章的实践价值和借鉴参考意义也才能得到体现。

B 组：

题目 1——《关于学生民主意识培养的研究》。

题目 2——《关于中职新生班级管理中民主意识的培养》。

题目 1 所涉的民主意识太大、太泛，具体写作时可能不知从何入手；题目 2 将民主意识的培养置于班级管理的具体实践当中，具体写作过程中也就容易找到落脚点。

总之，论文选题千万不能指望"一口吃成大胖子"。换言之，不要指望一篇小论文就能将所有问题都解决，这是不可能的，关键是通过解决某一具体问题，为同行提供相关工作的启示和借鉴。只有这样，才能体现论文的价值和意义。

二、论文题目（标题）要富有新意和感染力

1. 好题目的基本标准

关于论文题目的重要性，人们经常用"题好一半文""题目是文章的眼睛"等语句来形容。好的论文题目，在于能够瞬间吸引编辑、评委和读者的眼球，让人感到眼睛为之一亮，甚至产生迫不及待、爱不释手的意外效果。

判断一篇论文题目或标题的优劣，首先是看论文题目是否与主题高度吻合，统一协调；其次是看题目是否表达简洁，一目了然；最后是看题目是否具有感染力，能否打动和吸引受众。值得注意的是，在论文创作过程中，一开始不能在题目上绞尽脑汁、费尽周折，否则容易被题目困住思维。事实上，题目在论文完成之前往往不可能做到精确到位，此时更重要的是明确写作方向，理顺写作思路，以便更好地组织和应用材料。在论文完成之后，作者可综合考虑论文内容、论述深度与广度等因素，对题目进行认真"推敲"。论文发表时，作者拟定的题目被编辑修改的情况也十分普遍。

2. 好题目的基本要求

好的论文题目，表现出以下几方面。

第一，准确反映论文主旨和内容。作为文章的"眼睛"，题目是给编辑、评委和读者的第一信息，直接影响到论文是否被读下去。通俗地说，就是要让受众一眼就能明白无误地判断出论文的主要内容。目前，包括一些公众号在内的网络文章，"标题党"现象相当严重，这种搞噱头、哗众取宠的做法贻害无穷，此种不良文风是科研工作者的大忌。科研工作中一定要端正文风，旗帜鲜明地拒绝和抵制"标题党"。

第二，准确表达研究对象和范围。文章论述的角度、具体内容和深

度都会因研究对象和范围的不同而不同，切忌用貌似"放置四海而皆准"的表述方式来指代研究对象和范围。比如，"关于学生个性培养问题的研究"和"关于农村初中新生的自我评价能力培养问题研究"这两个课题，前者所说的学生范围太泛，从幼儿园学生到博士研究生都属于学生范畴，不同层次的学生之间存在的差异是很大的；后者将学生锁定到初中生，且加上农村初中和新生两个限定，研究对象就显得具体而明确，这就十分容易把握。同时，前者以"个性"为研究内容，又显得空泛，不容易找到具体切入点；后者从众多的个性要素中提取"自我评价能力"作为研究内容，落脚点很实，也很容易把控。这样的文章容易做实，往往具有操作性、推广性和迁移性，因而也最容易引起编辑、评委和读者的关注。

第三，准确体现研究深度与层次。作者对论文所提出的观点、论证的深度和层次等问题要有清晰的判断，而且要使这种判断从论文题目得到准确反映。题目的遣词往往因论文论述深度和层次的不同而不同，一篇2000字左右的小论文，不要勉强地用上"论"字。事实上，论文也不见得非要在题目中使用"论"字，大多数论文的题目就没有"论"字。对于初涉科研工作的老师，长篇大论的论文不多，只要选题有意义，论文有深度、有质量、有价值，在题目中使用"小议""浅析""刍议""初探"等比较谦逊、中肯的词，绝对不会影响论文的质量和价值。

第四，贴切地体现研究方法与特色。即根据论文题目，一看便知论文的类型或属性，比如是思辨式论文还是实证型论文，是调查研究报告还是实验报告，等等。

三、标题表述借鉴与赏析

论文总题目很重要，各级分标题也同样重要。论文总题目在全文中具有统领作用，是全文的灵魂所在。小标题在文中具有承上启下的桥梁和纽带作用，对于全文而言，小标题是分论点；对于该部分而言，小标题又是主论点。小标题的表达要求与论文总题目一样，甚至更为讲究，不仅要准确反映该层次的中心内容，同时要与总题目及其他各层次标题相协调，不仅要有力支撑总观点，而且要有机连接上下文。"学习强国"平台曾推出以"老笔头"为笔名的《领导扫一眼标题就否了？你该看看学习强国这50套标题（附解析）》这篇文章。其虽然不属于学术论文类文章，但对于论文题目的提炼和表述仍具有重要的借鉴与参考意义。

实例6-1：标题借鉴与参考 ①

俗话说，题好文一半。好标题是文章的一张脸、一双眼、一层金。被誉为"中共中央一支笔"的文章大家胡乔木曾说过："写文章也不容易，做标题更难。"关于标题的拟制方法和技巧，老笔头以前推送过不少这方面的文章。今天，我们以"学习强国"平台上的一些文章为例，再跟大家说说标题的那些事。

标题亮 文章靓

——"学习强国"平台文章标题赏析

好文章要有神，好标题要传神。在文章中，标题最能凝练传神地表达主题思想，也最能吸引读者的眼球。好标题必定是内在美与外在美的统一，内在美是智慧美、思想美，外在美是语言美、形式美。因此，文

---

①老笔头：《标题亮 文章靓——"学习强国"平台文章标题赏析》，"学习强国"平台，2020年7月23日。

章的标题要力求醒目惹眼、新颖别致，这样才能吸引人，激发读者的阅读兴趣。

标题的拟制方法很多，比如，对偶、比喻、拟人、谐音、对比、化用等形式。今天，我们就来赏析一下"学习强国"平台上一些文章的好标题，看看它们都有哪些值得学习和借鉴之处。

建画里乡村　留梦里乡愁

赏析：这个标题采用对偶手法，看起来整齐醒目，听起来铿锵悦耳，读起来朗朗上口，便于记忆、传诵。尤其是"画里乡村"和"梦里乡愁"含蓄隽永，给人以诗情画意之感。

牵紧产业扶贫"牛鼻子"　鼓起贫困群众"钱袋子"

赏析：这个标题同时采用对偶和比喻手法，既有形式上的美感，又很生动有趣。尤其是使用"牛鼻子""钱袋子"这样富有生活气息的口语，使人感觉很亲切。

构建创新创业"生态圈"　打造人才发展"新高地"

赏析：这个标题也同样采用对偶和比喻手法，使用了"生态圈""新高地"这两个新词，很有时代气息。

农民吃上"文化饭"　绘画成了"拿手活"

赏析：这个标题也采用对偶手法，使用"文化饭""拿手活"这样的口语，很接地气，给人以生动活泼之感。

能人乡贤"搭把手"　脱贫攻坚"一起走"

赏析：这个标题也采用对偶手法，使用"搭把手""一起走"的口语，富有乡土气息，与文章的内容相呼应、相吻合。

巧借信息化手段解民困　善用互联网营销促发展

赏析：这个标题是标准的对偶句，"巧借"与"善用"对应，"信息化手段"与"互联网营销"对应，"解民困"与"促发展"对应，工工整整，严丝合缝，给人以形式上的美感。

铁肩担民生幸福　妙手著脱贫文章

赏析：这个标题同时采用对偶和化用手法，巧妙化用李大钊撰写的"铁肩担道义，妙手著文章"名联，赋予其以时代特征，别具一格，很有新意。

"大手笔"构建现代农业体系　"绣花针"深耕富民兴村产业

赏析：这个标题同时采用对偶和比喻手法，既形式工整又鲜活生动。

穿上文化的"马甲"　插上品牌的"翅膀"

赏析：这个标题也同时采用对偶和比喻手法，很是生动传神。

念好"三字诀"　培育"领头雁"

赏析：这个标题同时采用对偶、特指、比喻手法，简洁有力，鲜活生动。

脱下"旧黑衣"　披上"新绿装"

赏析：这个标题采用拟人手法，生动地表述了生态环境治理的成效，而且"旧黑衣"与"新绿装"产生了强烈的反差，更具有冲击力和说服力。

……

基层党建"瘦身提质"

赏析：这个标题也采用拟人手法，将纠正形式主义为基层减负巧妙比作人的瘦身，很形象传神。

……

"疫考"过关　"汛考"加试

赏析：这个标题采用比喻手法，将疫情防控和防汛抢险比作一场考试，"过关""加试"两个口语词的使用，增添了生活气息，使人更加容易理解。

大数据"画像"让企业信用能"变现"

赏析：这个标题采用拟人和借代手法，将大数据技术比作画师，变高深为浅显，变呆板为生动，使人更易理解和接受。同时，使用口语"变现"一词，更加具有生活气息。

······

从"筛子"到"梳子"再到"篦子"

赏析：这个标题采用比喻手法，通过"筛子""梳子""篦子"这几个生活用具，形象地描述了某地扶贫问题事事清零的做法和经验。

以"绣花功"精准攻破"插花贫"

赏析：这个标题采用比喻手法，用"绣花功"喻指工作作风，用"插花贫"喻指贫困人口分散，巧妙地描述了该地脱贫攻坚工作的难度之大，也与前边的"绣花功"相呼应。

"金点子"为文创企业插上"金翅膀"

赏析：这个标题采用比喻手法，将文化创意比作"金点子""金翅膀"，很生动形象，使人过目难忘。

"小蜜蜂"酿造"甜蜜"大产业

赏析：这个标题采用拈连和对比手法，"小蜜蜂"与"甜蜜"拈连，与"大产业"形成对比，"酿造"一词也契合蜜蜂酿蜜的情境，短短一句话很见作者的炼字炼句功力。

······

"忘忧草"成为脱贫致富的"摇钱草"

赏析：这个标题采用特指和比喻手法，描述了某地通过发展黄花（也叫忘忧草）种植产业，实现脱贫致富的故事。标题巧妙地将俗语中的"摇钱树"化用为"摇钱草"，与"忘忧草"形成呼应之势。

"夜经济"点燃"烟火气"

赏析：这个标题采用特指手法，描述了某地发展"地摊经济"，促"六稳"、抓"六保"的做法和经验。句中用"夜经济"来特指"地摊经济"，用"烟火气"来特指"民生",简短有力,鲜活生动。尤其是"点燃"与"烟火"呼应,很见匠心。

......

临时党支部为脱贫攻坚装配"红色引擎"

赏析:这个标题采用比喻手法,将党支部喻为发动机,很是形象贴切。尤其是"引擎"前缀"红色"一词,体现了党建特色。

"小网红"书记的"大买卖"

赏析:这个标题采用对比手法,通过"小"与"大"的对比,鲜明地突出人物或事物的本质特征,从而增强了文章的艺术效果和感染力。

从"熄火"到"红火"

赏析:这个标题也采用对比手法,"熄火"与"红火"形成强烈反差,极大地激发了读者的阅读兴趣,使之产生一探究竟的强烈欲望。

被"老种子"改变的"新屋场"

赏析:这个标题也采用对比手法,通过"老"和"新"的对比,生动有力地凸显了文章主题。

老火柴擦出新火花

赏析:这个标题采用对比和拈连手法,"老"和"新"对比,"火柴"和"火花"拈连。短短一句话,既很有趣味,又很有意味,体现出作者的深厚功力。

"三无"工作法让农民工"安薪"

赏析:这个标题采用谐音手法,"安薪"与"安心"谐音,描述了通过运用"三无"工作法,彻底解决了农民工的"讨薪难"问题,使其既"安薪"又"安心"。

......

农户成储户 资源变资产

赏析：这个标题采用对比手法，通过对比，形象展示农户生产的变化。标题说出了主要的新闻事实，简洁凝练。

贫困户老刘养牛把日子过"牛"了

赏析：这个标题采用互文手法，第一个"牛"实指养牛，第二个"牛"喻指兴旺发达，生动地描述了贫困户老刘通过养牛致富的情景，令人回味无穷。

金银花开"金银"来

赏析：这个标题也采用互文手法，"金银"喻指经济收入，与句首的"金银花"相映成趣，不仅读起来朗朗上口，而且寓意含蓄，使人过目难忘。

王转歌唱响"转运歌"

赏析：这个标题采用嵌入手法，将主人公王转歌的名字巧妙嵌入，用作"转运歌"名，构思巧妙，独辟蹊径。

梦里常闻纺车响 桃花依旧傲春风

赏析：这个标题也采用嵌入手法，将全国劳动模范赵梦桃的名字巧妙嵌入句中，贴切稳妥，富有新意，非高手之莫为。

"最强大脑"精准执行破难题

赏析：这个标题采用引喻手法，将大数据、云计算、人工智能等信息技术，比作知名电视栏目"最强大脑"，很有新意。

百日大战已收官 "士兵突击"看长沙

赏析：这个标题采用引用手法，巧妙引用电视剧《士兵突击》剧名，让人一看就想起剧中洋溢的那种"不抛弃、不放弃"的拼搏精神，如临其境地感受到百日大战的火热气氛。

……

庄稼施肥实现"私人订制"

赏析：这个标题也采用引用手法，巧妙引用电影《私人订制》片名，形象地描述某地推行科学配肥、精准施肥的做法，使人感到贴切生动、通俗易懂。

线上"云课堂"　学习"不打烊"

赏析：这个标题采用对偶手法，使用"云课堂"新词和"不打烊"口语，既有新意又接地气。

追梦在脱贫奔小康的"春天里"

赏析：这个标题采用引用和双关手法，引用歌曲名《春天里》，一语双关地描述了脱贫攻坚如同春天般充满生机。

天山脚下的洛阳来客

赏析：这个标题采用化用手法，化用经典电影《冰山上的来客》片名，使人既有怀旧感又有新鲜感。

新基建，一出新时代的"取火记"

赏析：这个标题采用引用手法，引用《延安通讯》刊登的长篇通讯《取火记》标题，隐喻新基建如同当年延川县大办沼气一样具有开创性，贴切传神，恰如其分。

"中国糖罐子"欲破"甜蜜产业"发展难题

赏析：这个标题采用借代手法，用"中国糖罐子"借代广西壮族自治区，用"甜蜜产业"借代制糖产业，既体现出个性特点，又很口语化，生动接地气。

让"甜蜜事业"更甜蜜

赏析：这个标题采用反复手法，通过重复使用"甜蜜"一词，既使格式整齐有序，又回环起伏，产生强烈的语言美。

奏响营商环境"高八度" 唱出惠企惠民"好声音"

赏析：这个标题采用对偶和比喻的手法，"奏响"与"唱出"对应，"高八度"与"好声音"对应，生动形象，富有感染力。

……

小蘑菇撑起"致富伞"

赏析：这个标题采用比喻手法，巧妙抓住蘑菇的外形特征，将蘑菇种植产业喻为"致富伞"，可谓独具匠心、形神兼备。

启示：从上述例子可以看出，好标题应贴切，准确，简洁，新颖。因此，在拟制标题时，应把握以下几点：一要文题对应，能提纲挈领、准确鲜明地表达文章的核心观点；二要大题小做，尽量切口小、挖掘深，切忌虚浮夸张、大而无当；三要简洁明快，善于总结概括、提炼升华，避免拖沓冗长；四要含蓄生动，遣词造句新颖独特，防止干瘪枯燥、平淡苍白；五要巧用修辞，使词句具有文学色彩和审美价值，更有生动性和感染力。

第七章　教育科研论文的类型与特征

关于论文类型的划分，其实没有统一标准，分类角度不同，结果也会不同。基础性研究的论文，一般以论证型为主；哲学研究论文，则以思辨式为主。这些类型的论文往往是对基础性科学命题的论证，自然科学与人文社会科学都是如此。在科技领域，有以阐述科技研究进展或突破为主要内容的报告型论文；有以对既有研究成果系统的收集、整理和阐述为主的综述型论文，人文社会科学也同样如此；有以解决工程、技术及管理问题而做的程序设计等为主的设计型论文……

在教育科研领域，也有研讨型、经验型、述评型、叙事研究型等不同类型的论文。论文的类型不同，写作要求也就不同。在具体的论文写作实践中，既可根据已有材料确定论文类型，也可根据论文类型收集和运用材料。不同类型的论文之间不存在孰优孰劣的问题，选择和确定论文类型，关键要综合考虑研究对象、研究内容、研究方法、成果用途甚至刊物特色等因素；同时，还要结合自身的兴趣、特长和优势。总之，适合的才是最好的。

第一节　研讨型论文

研讨型论文是指围绕具体的现实问题，通过深入研究和论证，提出观点、主张或解决方案的一种论文类型。这类论文一般针对具有重大现实意义的热点、难点和焦点问题，或是作者曾经经历、实践并进行深入思考的实际问题。因此，这类论文往往需要作者具有比较敏锐的问题捕捉能力、科学准确的分析推理能力，以及前瞻性的预测判断能力等。

从某种程度上说，研讨型论文与调研报告极为类似，基本结构往往为三部曲，即提出问题、分析问题、解决问题，重要特征和基本要求是提出问题要"准"，分析问题要"深"，解决问题要"实"。只有做到"准""深""实"，方显意义和价值。

要突出问题提出的"准"，就需要作者具有较高的站位，密切关注社会和现实，善于发现热点、难点和焦点问题，想他人之未想，急社会之所急，从而彰显选题的现实意义和应用价值。要突出问题分析的"深"，就需要作者沉得住、静得下，善于透过现象抓住事物的本质，发现和揭示规律性的问题。要突出问题解决的"实"，就需要作者具有清晰的思路，把准时代脉搏，从而提出可供操作和实现的方案和路径。

由于上述特征，研讨型论文的题目指向也往往比较明确而直接，或直接指向"论题"，或直接指向"论点"，而且往往带有"现状""问题""路径""方案""对策""趋势"等用词。

虽然研讨型论文为三部曲结构，但因为各论文所关注的侧重点不同，在具体结构上也不尽相同。有些侧重于揭示问题，则以剖析现象为论文的重点。

实例7-1：研讨型论文范本1

河长制在河流治污实践中存在的难题分析[①]

生态文明建设是关系中华民族永续发展的千年大计。全面推行河长制是贯彻落实党的十九大关于加快生态文明体制改革、建设"美丽中国"决策部署的重要举措，是保障和改善民生、增进人民群众福祉的必然要求。河长制作为解决我国复杂的水问题、保障河湖良好生态环境的有效举措，是推动河流污染治理，进而完善水污染治理体系、保障国家水安全的一项制度创新。党的十九届四中全会提出坚持和完善中国特色社会主义制度、推进国家治理体系和治理能力现代化的目标，对河长制工作提出了新的更高的要求。作为一项新的制度，河长制目前还处在摸索阶段，在推动河流污染治理的实践中还存在诸多难题……河长制推动河流污染治理成效逐步显现，已成为中国生态文明建设的一个新实践。但是，河长制在实施中，各级各界对河流治理的重要性存在认知不一的情况，全民参与度还不够高，尤其是思想认识、考核问责、机构设置、机制建设等方面的一些老问题依旧存在，新问题也不断出现，新老问题交织，一定程度上影响了河长制的实施效果，需引起高度重视。

一、"上热下冷"，各级认识不统一

……

二、"GDP至上"，保护与发展相矛盾

……

---

①郭兆晖、钱雄峻、张弓：《河长制在河流治污实践中存在的难题分析》，《行政管理改革》2020年第8期，第50—55页。

三、"九龙治水",协同管理存困境

第一,流域管理机构和地方政府之间配合不顺畅。

第二,确权工作进展缓慢。

第三,部门之间没有形成合力。

第四,区域间较难协调。

四、"自查自考",考核机制不完善

……

五、"小马拉大车",人员少而不专

……

六、"历史存旧账",河流治污困难大

……

七、"人治""权治",制度缺乏长效性

……

八、"政府包办",治理体系不健全

……

简析:

该文在前言中以简洁的语言阐述了实施河长制的重要意义和主要成效,然后话锋一转,讲道:"作为一项新的制度,河长制目前还处在摸索阶段,在推动河流污染治理的实践中还存在诸多难题,"并简单地概括了即将分析的问题。全文的重点是剖析河长制在实施中存在的八大问题,因而分析得深刻透彻,如关于"'九龙治水',协同管理存困境"这一具体问题,又从流域管理机构和地方政府之间配合不顺畅、确权工作进展缓慢、部门之间没有形成合力、区域间较难协调4个方面加以详尽论述。文章以"难题"为关键词,目的是希望有关部门对河长制在河流治污实践中存在的问题引起高度重视。产生这些问题的原因在文中虽有涉及，但非此文重点，因为文章的主旨就是揭示问题，否则就会产生喧宾夺主之嫌。

　　侧重于原因分析的研讨型论文，要以提出问题为基础，重点则是从主观和客观、内部和外部等不同层面、不同视角深入剖析和揭示问题产生的根源，从而为有效解决问题提供理论和实践依据。

　　侧重于问题解决的研讨型论文，在提出存在的问题之后，重点立足于提出解决问题的对策、意见和建议，且要突出建设性、可行性和可操作性。只有这样，才能突出论文的应用价值和社会效益，才有可能将意见和建议上升到政策层面，或转化为解决问题的具体方案。

实例7-2：研讨型论文范本2

<h3 style="text-align:center">应用型高校推进专业集群建设的思考①</h3>

绪论（略）。

一、推进专业集群建设面临的主要问题

（一）认识不到位

（二）视野不开阔

（三）创新性缺乏

（四）特色不彰显

（五）价值未达成

二、推进专业集群建设应对方略

（一）提升专业集群建设认识高度

具体包括五方面（略）。

（二）拓展专业集群建设的思维广度

具体包括五方面（略）。

---

①顾永安：《应用型高校推进专业集群建设的思考》，《高等工程教育研究》2019年第6期，第92—98页。

（三）把准专业集群建设的创新维度

具体包括五方面（略）。

（四）加大专业集群的特色培育力度

具体包括三方面（略）。

（五）达成专业集群建设的价值向度

具体包括四方面（略）。

简析：

与前一篇仅仅以揭示问题为主的论文不同，这是一篇典型的以解决问题为导向的论文。因此，文章的第一部分就抛出了专业集群建设所面临的 5 个关键性问题；接着，用大量的篇幅讲述推进专业集群建设的应对策略。5 个应对策略与 5 个关键问题之间形成一一对应关系，从而达到各个击破的目的。问题与策略之间的篇幅之比大约为 1∶4，这样显得重点突出，所提对策具有足够的分量，包括充足的理论依据和实践依据，从而体现了对策报告的参考性、咨询性等特点。

有些研讨型论文，是典型的三段论，在写作过程中严格遵循"提出问题—分析问题—解决问题"的思路，层层递进，重要特点是在原因与对策之间基本形成一一对应关系。

实例 7-3：研讨型论文范本 3

科教融合的困境、潜因与对策 ①

绪论（略）

一、现阶段深化科教融合的困境

（一）科教融合制度体系不健全

（二）科教融合教学模式不完善

---

①罗筑华：《科教融合的困境、潜因与对策》，《中国高校科技》2020 年第 7 期，第 71—73 页。

（三）科教融合评价体系不科学

二、科教融合存在问题的潜因分析

（一）教育管理的体制僵化

（二）轻视教研的行为偏差

（三）科研至上的认知障碍

三、深化科教融合的应对之策

（一）创新与科教融合相适应的管理制度

（二）创新与科教融合相适应的教学模式

（三）创新与科教融合相适应的评价体系

简析：

这是一篇典型的三段论式研讨型论文。文章第一部分从 3 个方面抛出深化科教融合过程中所面临的困境，从而使全文的指向非常明确，即这 3 个方面的困境是今后工作中需要重点突破的问题。接着，从"教育管理的体制僵化""轻视教研的行为偏差""科研至上的认知障碍"3 个维度切入，深入剖析产生上述困境的主要原因，为更好地解决问题奠定了充足的现实依据。第三部分与第一、第二部分相呼应，具体提出了走出困境的 3 条策略和路径。

第二节　经验型论文

经验型论文，主要是通过总结、反思他人或自己的某一实践的成功做法，将其提炼上升为经验，进一步凝练为可复制和可推广的方法或模式。经验型论文的形成，一般要经过搜集与积累材料、梳理与分析材料、凝练与提升经验、撰写论文或报告等基本环节。

第一，搜集与积累材料。要充分揭示他人或自己的经验，就必须通过恰当的方式，了解和取得相关资料。如果是自己的实践，主要是在实践的过程中予以积累；如果是他人的实践，主要通过调研考察、深度访谈和文献研究等手段得以实现。搜集与积累材料应具体把握以下重点：一是在内容上，获取该方法或措施实施前后形成的具有对比性的材料，着重获取导致变化的重要措施或方法。二是在范围上，着重获取已有文字资料（如政策文件）、调研考察（观察、访谈）材料、实施者积累和整理的相关资料、典型案例等。三是在性质上，要运用定性分析和定量分析相结合的方法，尤其是能充分反映前后变化的代表性、典型性数据。所搜集的数据要特别注意两点：一要确保数据的真实性，唯真实的数据才能得出真实的结论；二要体现数据的全面性，唯全面的数据才能得出全面的结论。

第二，梳理和分析材料。这是运用分析、综合等手段对所获得材料进行认真加工的关键性步骤，是去伪存真、去粗取精的重要环节。其主要任务包括两方面：一是从众多材料中筛选出具有典型性、代表性的部分，从而彰显特色；二是厘清材料之间的相互关系，从而彰显逻辑性和规律性。

第三，凝练与提升经验。通过材料搜集与积累、梳理及分析，凝练成典型经验，突出主题，把在整个实践过程中发挥主导作用、反映问题实质、体现因果关系的理念、方法（措施）进行理性思考和科学概括，从而构建具体的模式或体系。

第四，撰写论文或报告。根据经验型论文的基本特点，以收集与积累和梳理与分析的材料为基础，运用相关理论，围绕主要举措、实践成效、主要经验和重要启示等关键要素展开系统而深层次的阐释，最终形成论文或报告。需要强调的是，不能把经验型论文写成工作总结，不能停留在就事论事的层面，必须以科学理论为指导，充分揭示举措—成效—经验—模式之间的内在因果关系，透视现象与问题之间的内在逻辑关系，从而发现逻辑性、规律性的本质问题，为丰富和提升相关学科理论做出贡献。

实例7-4：经验型论文范本1

德国机构编制管理及其借鉴意义[①]

国家治理体系和治理能力是一个国家制度和制度执行能力的集中体现。机构编制工作在加强党和国家机构职能体系建设、深化机构改革、优化党的执政资源配置方面发挥着至关重要的作用，对推进国家治理体系和治理能力现代化具有重大意义。德国在"二战"后迅速腾飞，政治经济实现跨越式发展，在现代国家治理方面积累了丰富的理论成果和实践经验，形成了独具特色的国家治理体系和行政体制，在机构编制管理上也有许多行之有效的经验做法，对我国机构改革和编制管理实践具有借鉴意义。

---

①王芳、谭景辉：《德国机构编制管理及其借鉴意义》，《行政管理改革》2020年第7期，第83—89页。

一、德国行政体制基本情况

（一）德国是典型的联邦共和制国家

（二）联邦和州

（三）地方（市镇）

（四）地方（市镇）自治基础上的整体从属原则

（五）与政府体制相适应的财政体制

二、德国机构编制管理的主要做法

（一）机构管理

基本法和其他法律未对联邦各部做出具体规定，由总理根据基本法授权按需设立。一般而言，联邦部的设立及数量多少是根据年度财政预算决定的，各个部的部长由总理提名，总统任命。

德国联邦部的内设机构一般分为司、分官司、处和组4级……

各州的机构设置由州自己决定，联邦不干预。

（二）人员编制管理

在德国，公务人员分为公务员、职员和工人3种编制类别，具体使用哪种编制视职责性质和工作需要而定，有的政府机构既有公务员，也有职员和工人，有的还有半天制或兼职的职员……

"有多少钱，办多少事，用多少人"是德国在实践中确定机构编制规模的一项基本原则。编制管理的具体事务主要由内政部负责，其主要依据是各个部门承担的工作任务和议会通过的年度财政预算……

（三）"精干政府"规划

三、对我国的借鉴和启示

（一）加强和改进上级机关对基层工作的领导和监督

（二）适时推进市县和乡镇职权法定工作

（三）强化财政体制对行政体制的保障作用

（四）统筹使用各类编制资源

（五）加强机构编制管理与财政预算管理的互动衔接

简析：

文章在开篇简明扼要地指出机构编制工作对推进国家治理体系和治理能力的重要作用，并且认为"二战"后德国在机构编制管理上行之有效的经验做法，对我国机构改革和编制管理实践具有重要的借鉴意义。鉴于此，文章在对德国行政体制基本情况进行介绍的基础上，着重从机构管理、人员编制管理、"精干政府"规划等方面阐述了德国机构编制管理之所以成功的主要做法，并从 5 个方面重点揭示其有益借鉴和启示，如"加强和改进上级机关对基层工作的领导和监督"；同时，针对我国机构改革工作中上下级之间分工不明确对治理能力和行政效率的制约作用，根据考察所得经验，结合我国国情，提出如下具体建议：加强上级对下级的领导。应当在明晰分工和职责的前提下，强化合法性审查和实施行政监督，可以对下级政府机构执法的程序、自由裁量权等加以规定，也可以对下级政府机构的不合理决定进行撤销，对懒政怠政懒政的官员进行问责，对下级政府机构不作为的代执行等，但不应该简单地上收财物、把下面的活拿到上面来干。

文章并非简单地梳理和总结德国的经验，而是结合我国具体实际，在如何借鉴方面提出相应的对策建议，从而体现论文的实践借鉴意义和决策参考价值。

实例7-5：经验型论文范本2

政府建构型市场经济的中国逻辑

——改革开放四十年的反思 [①]

四十年来的改革开放创造了人类发展史上未曾有过的奇迹，中国人用实践创造了当今时代的"国富论"。对改革开放的研究具有更加非凡的意义：首先，伟大的实践必然孕育着伟大的思想理论，中国改革开放是当代人类追求幸福的最大试验场，具有非常重要的理论价值，中国"国富论"的深刻内涵需要理论家们的总结与提炼，进而书写好这部"国富论"。其次，改革开放重塑了中国，给中国社会带来了重大的变革和转型，既解决了很多问题，也产生了很多新的难题。如何解决好这些难题，继续深化改革、扩大开放，需要我们深入总结和反思改革开放四十年的实践经验，进而续写好这部"国富论"。最后，当今世界，仍有很多国家在苦苦地寻找摆脱贫穷、走向繁荣的道路，中国做对了什么？中国是怎么做的？反思这些经验，对于其他国家的发展具有重要的参考价值，也是进一步扩写好这部"国富论"的必然要求……

一、自发内生：西方市场经济的生成逻辑

第一，宗教改革运动使得逐利行为不再是罪恶；

第二，民族国家的兴起为统一市场的形成提供了基础；

第三，航海探索运动开辟了欧洲通往世界其他地区的新航路；

第四，圈地运动为市场经济的发展提供了土地、劳动力、资本等生产要素；

第五，工业革命催生了作为市场主体的现代工厂的出现；

---

①严静峰：《政府建构型市场经济的中国逻辑——改革开放四十年的反思》，《浙江社会科学》2018年第10期，第4—15，25，155页。

第六，研究经济贸易的思想家们为国家财富增长提供了智力支持。

二、政府建构：中国市场经济的形成逻辑

改革开放是被当时的困境逼出来的，那么，到底该如何改革？当时最为迫切的任务是解决人民群众的基本温饱问题，从经济领域开启改革的风险也是最小的。计划和市场是当时最主要的两种经济发展手段，从已经被证明行不通的计划经济转向市场经济是必然的选择。因此，市场化是中国四十年来改革开放的最大特征。在一个高度集中的政治经济体制中，谁有能力推动经济体制从计划经济转变为市场经济？答案只能是政府。正是在政府的推动下开展一系列改革，才逐渐建构起了中国的市场经济体制。

第一，重新界定适应市场的产权。

第二，构建全国统一的市场体系。

第三，市场化的生产要素。

第四，市场化的价格改革。

三、政府建构型市场经济与中国经济奇迹

第一，改革开放的动力——内部生存压力和外部同构压力。

第二，改革开放的契机——"文革"结束和国际产业转移。

第三，改革开放的思想基础——关于真理标准的大讨论。

第四，改革开放的战略——以经济建设为中心的市场化改革。

第五，从"高度集中"转变为"向下放权"充分激活并释放了地方政府、企业和人民群众创造财富的热情。

一是推动地方政府竞争与市场竞争的互嵌；

二是促进企业的市场竞争；

三是赋予人民群众市场经济自由权。

第六，对外开放与国家自主性。

四、几点思考

第一，政府与市场的关系要放在具体的背景环境中讨论，抽象地讨论政府与市场谁决定谁，既难以得出令人信服的结论，也没有多大意义。

第二，产业政策是改革开放过程中政府推动经济发展的重要工具，今后必然还将继续发挥作用。

第三，坚持以公有制为主体、多种所有制经济共同发展的经济制度，政府要积极创造良好的市场环境，鼓励和推动国有经济、民营经济、外资经济、混合经济等各显神通、共同进步。

第四，政府建构型市场经济是改革开放成功的秘密所在，对于其他后发展国家的改革和现代化建设具有重要的启发意义。

第五，如何充分激活政府特别是地方政府的能量，是未来全面深化改革必须解决的重大问题。

简析：

该文是典型的关于经验总结的理论性文章。文章在序言中开门见山地指出了写作的目的、动机与意义、价值：一是中国"国富论"的深刻内涵需要总结与提炼，进而书写好这部"国富论"；二是需要深入总结和反思改革开放四十年的实践经验，进而续写好这部"国富论"；三是反思这些经验对于其他国家而言，具有重要的参考价值，进一步扩写好这部"国富论"。

该文第一、二部分运用对比的方法，揭示了中西市场经济的逻辑，即自发内生是西方市场经济的生成逻辑，政府建构中国市场经济的形成逻辑。在此基础上，第三部分从6个方面详细总结了政府主导下我国市场经济建构的六大经验及其所创造的经济奇迹。

最后，该文章从5个方面对这种逻辑进行了深层次反思，同时强调政府建构型市场经济是改革开放成功的秘密所在，对于其他后发展国家的改革和现代化建设具有重要的启发意义。该部分使全文的主题和立意得到进一步升华。

第三节　述评型论文

顾名思义，述评型论文是"述"与"评"相结合的一种论文类型。"述"是"评"的基础，"评"是"述"的深化和升华。由于项目（课题）申请书、硕博论文开题报告第一部分就是"已有国内外同类研究述评"，人们容易在理解上趋向"狭义"，即把述评型论文片面地理解为"文献述评"。"文献述评"与"文献综述"虽然只是一字之差，但内容和要求显然是不一样的。

在"文献综述"中，"综"指综合，即整理归纳已有研究成果；"述"指叙述，叙述的最基本要求是尊重原文献原意，不得随意改变，更不得歪曲原文献意思。"文献综述"是对研究对象、研究内容等基本相同或类似的文献进行全面系统的收集和整理，在此基础上做出综合性、概括性的叙述。其重要特征是要突出"综合""概括""叙述"3个关键词，其中"综合"所体现的是全，即要全面反映已有研究成果。"概括"所体现的是提炼，即要对所述文献的主要观点准确而简洁地加以概括凝练。综述一般少有评论，甚至可以不做评论。"叙述"强调全面性和系统性，并要求所涉文献能反映该领域或问题研究的前沿性和代表性。这就需要作者对掌握的文献做出科学判断，分清主次、轻重。只有这样，才能保证选题的前沿性和论文质量。

就文献整理和评论而言，述评型论文在某种程度上可以说是综述型论文的升级版，述评相对于综述，要求则更高，不仅需要作者对已有的相关文献了如指掌，而且要对已有文献的学术价值、实践价值、存在问题和不足等方面做出科学判断、中肯评价。在这类论文中，"述"和"评"两者缺一不可。在具体的论文写作过程中，可以是先"述"后"评"，也可以是边"述"边"评"。"述"是陈述和铺垫，是基础，没有"述"，"评"就成为无本之木、无源之水。"评"要遵循学术规范，做到有理有据、中肯恰当，一切要以学术为导向，千万不能把非学术因素（特别是师生、同学、同事等人情因素）放于学术评价之中，切忌任意拔高或任意贬低等不良倾向，否则就会严重影响良好学风的形成。

"述评"的目的，对研究者本身而言是为了全面掌握与自己研究相关的成果的数量与质量、创新程度、存在问题等内容，厘清其与自己研究课题之间的关系，从而更好地明确自己的研究方向和研究内容，突出创新性，在研究工作中最大限度地避免走不必要的弯路；对他人而言，可以使其更加便捷、全面、系统地了解和掌握学科前沿性问题和学术动态。

笔者认为，述评型论文不仅仅局限于文献整理领域，而且适用于更为广泛的领域。如新闻媒体基于新闻事实陈述基础的评论（包括新闻工作者自己做出的评论、有关方面专家对事实的评论等），也可以列入该范畴。新闻述评往往具有以下基本特点：对报道的新闻事实有明显的疑议或进行巧妙的评述，在夹叙夹议、叙议结合的基础上，揭示新闻事实的内在规律及本质含义。评述的方法多种多样，常见的有：①记者做出总体性的、概括性的结论；②记者在评述新闻事实时，也可援用权威人士的言论，以中肯的褒贬、分析来评述事物，巧妙而间接地表明自己的倾向、态度[①]。

---

①林文勉、程克夷、程国安：《基础写作辞典》，湖北辞书出版社1989年版，第275页。

其实，文学评论、史学评论、时政评论及人物评论类论文，从大的方面来说，都可以纳入述评型论文之列，一方面，论文类型的划分具有相对性，没有绝对的统一标准；另一方面，这些评论类论文都是基于材（史）料、事实、现象和人物事迹的引用、陈述（描述），经过作者的分析、综合和判断而得出相应的结论和观点，这正符合历史学研究一直强调和坚持的史论结合、论由史出等一贯原则。综上，完全可以认为，述评型论文就其本质而言属于论证型论文。

实例7-6：述评型论文范文1

撰写文献综述的基本要求 [①]

文献综述是在对文献进行阅读、选择、比较、分类、分析和综合的基础上，研究者用自己的语言对某一问题的研究状况进行综合叙述的情报研究成果。文献的搜集、整理、分析都为文献综述的撰写奠定了基础。

文献综述的基本结构一般包括：引言——包括撰写综述的原因、意义、文献的范围、正文的标题及基本内容提要；正文——文献综述的主要内容，包括某一课题研究的历史（寻求研究问题的发展历程）、现状、基本内容（寻求认识的进步），研究方法的分析（寻求研究方法的借鉴），已解决的问题和尚存的问题，重点地、详尽地阐述对当前的影响及发展趋势，这样不但可以使研究者确定研究方向，而且便于他人了解该课题研究的起点和切入点，是在他人研究的基础上有所创新。结论——对文献研究的结论，概括指出自己对该课题的研究意见，存在的不同意见和有待解决的问题等；附录——列出参考文献，说明综述所依据的资料，增加综述的可信度，便于读者进一步检索。

---

①王俊芳：《撰写文献综述的基本要求》，《教育科学研究》2004年第6期，第58—59页。

第一，文献综述不应是对已有文献的重复、罗列和一般性介绍，而应是对以往研究的优点、不足和贡献的批判性分析与评论。因此，文献综述应包括综合提炼和分析评论双重含义。

例1："问题—探索—交流"小学数学教学模式的研究

……我们在网上浏览了数百种教学模式，下载了200余篇有关教学模式的文章，研读了50余篇。概括起来，我国的课堂教学模式可分3类：

（1）传统教学模式——"教师中心论"。这类教学模式的主要理论根据是行为主义学习理论，是我国长期以来学校教学的主流模式。它的优点是……它的缺陷是……

（2）现代教学模式——"学生中心论"。这类教学模式的主要理论依据是建构主义学习理论，主张从教学思想、教学设计、教学方法及教学管理等方面均以学生为中心，20世纪90年代以来，随着信息技术在教学中的应用，该模式得到迅速发展。它的优点是……它的缺陷是……

（3）优势互补教学模式——"主导—主体论"。这类教学模式是以教师为主导，以学生为主体，兼取行为主义和建构主义学习理论之长并弃其之短，是对"教师中心论"和"学生中心论"的扬弃。"主导—主体论"教学模式体现了辩证唯物主义认识论，但在教学实践中还没有行之有效的可以操作的教学方法和模式。

以教师为中心的传统小学数学教学模式可表述为"复习导入—传授新知—总结归纳—巩固练习—布置作业"。这种教学模式无疑束缚了学生学习主体作用的发挥。当今较为先进的小学数学教学模式可表述为"创设情境、提出问题—讨论问题、提出方案—交流方案、解决问题—模拟练习、运用问题—归纳总结、完善认识"。这种教学模式力求重视教师的主导作用和学生的主体作用，为广大教师所接受，并在教学实践中加以运用。但这种教学模式将学生的学习局限于课堂，学习方式是为学数学而学习，没有把数学和生活结合起来，没有把学生学习数学置于广阔的生活时空中去，学生多角度多途径运用数学知识解决问题的能力受到限制，尤其是学生运用数学知识创造性地解决生活中的数学问题的能力发展受到限制，不利于培养学生的创新精神和实践能力。为此，我们提出"'问题—探索—交流'小学数学教学模式研究"课题。

研究者对有关研究领域的情况有一个全面、系统的认识和了解，对相关文献做了批判性的分析与评论。对于正在从事某一项课题的研究者来说，查阅文献资料有助于他们从整体上把握自己研究领域的发展历史与现状、已取得的主要研究成果、存在争议的地方、研究的最新方向和趋势、被研究者忽视的领域、对进一步研究工作的建议等。

例2：农村中学学生自学方法研究

1. 国外的研究现状

国外的自学方法很多。美国心理学家斯金纳提出程序学习法……程序学习使学习变得相对容易，有利于学生自学。美国心理学家桑代克所创设的试误学习法……它主要解决学习中的问题。还有超级学习法，查、问、读、记、复习法、暗示法等。

2. 国内的研究状况

我国古代就非常重视对自学方法的研究，有"温故而知新""学而时习之"。我国现代教育家叶圣陶先生主张培养学生的自学能力……中国科学院心理研究所卢仲衡同志首先提出"自学辅导教学法"……这种方法的主要优点在于……魏书生的语文教学主张通过提高学生学习的自觉性来提高学习效率……

以上国内外的研究经验为我们的课题研究提供了宝贵的经验。

该课题的文献综述列举了国内外有代表性的专家、学者关于自学方法方面的论述和做法，并对部分内容的优点进行了概述。在选好了大的研究方向后，在确定具体的研究课题之前，通过查阅大量文献资料，了解有关研究情况，有助于研究者通过比较、分析，根据研究的可行性、研究者的兴趣和能力等方面限定研究内容，确定课题的研究范围，更好地驾驭和把握课题。但是，文献综述对每位专家、学者所持理论和做法的优点与不足所进行的批判性分析与评论不够，特别是缺少对国内外研究现状的综合提炼与分析。

第二，文献综述要文字简洁，尽量避免大量引用原文，要用自己的语言把作者的观点说清楚，从原始文献中得出一般性结论。

文献综述的目的是通过深入分析过去和现在的研究成果，指出目前的研究状态、应该进一步解决的问题和未来的发展方向，并依据有关科学理论、结合具体的研究条件和实际需要，对各种研究成果进行评论，提出自己的观点、意见和建议。应当指出的是，文献综述不是对以往研究成果的简单介绍与罗列，而是经过作者精心阅读后，系统总结某一研究领域在某一阶段的进展情况，并结合本国本地区的具体情况和实际需要提出自己见解的一种科研工作。

第三，综述不是资料库，要紧紧围绕课题研究的"问题"，确保所述的已有研究成果与本课题研究直接相关，其内容是围绕课题紧密组织在一起，既能系统全面地反映研究对象的历史现状和趋势，又能反映研究内容的各个方面。

例：农村中小学心理健康教育途径与方法的实验研究

本课题国内外研究现状述评……1998年国际心理卫生协会强调"健康的定义……"

心理健康运动的发起人是美国的 C·比尔斯……马斯洛的人本主义强调"自我实现"；费勒姆提出了"新人型理论"，奥尔特提出了"成熟者的理论"……

美国是最早开设心理辅导的国家……将"心理辅导"定为学校教育的一部分，苏联教育部于1984年颁布《苏联普通学校心理辅导条例》；日本也积极从美国引进心理辅导……

我国心理健康教育起步较晚，20世纪80年代才在个别地区、个别学校开展……中小学真正开展心理健康教育是在90年代初到90年代中期。中国青少年研究中心、中国青少年发展基金会在全国进行大规模的调查，并于1997年6月3日公布了结果，引起了国人特别是教育界的震动……

1988年，中共中央发布了"关于改革和加强中小学德育工作的通知"。1989年12月20日，联合国大会通过了《儿童权益公约》……1993年全国教育工作会议明确提出"通过多种方式对不同年龄层次的学生进行心理健康教育指导……"1997年10月，国家教委关于《积极推进中小学实施素质教育的若干意见》的通知中再一次强调了对中小学生进行"心理健康教育"。应该说，自20世纪90年代初期到中期，上海中小学的心理健康教育走在了全国前列；1994年，上海教委出台了关于在中小学开展心理健康教育的有关文件，并出版了有关教材。但他们把绝大部分精力放在了城市学生身上。与此同时，北京市西城区成了"心育中心"，丁榕老师一马当先做了许多工作，但仍是把精力放在了城市学生身上。农村学生与城市学生在生活、学习等条件上都存在着较大差异，在心理健康水平上也存在着较大不同，但至今没有人提出农村中小学心理教育的途径与方法的成型经验。因此，农村中小学心理教育的途径与方法是值得研究的问题。

从文中可以看出，课题组成员翻阅了大量资料。但是，就"心理健康教育途径和方法"的综述不多；农村学生与城市学生心理健康差异的分析也不多。"农村"的特点不清，"方法途径"不知道新不新，这样不利于后面的研究设计。

第四，综述要全面、准确、客观，用于评论的观点、论据最好来自一手文献，尽量避免使用别人对原始文献的解释或综述。

简析：

该文是一篇典型的方法论介绍与案例分析相结合的文章，因文章篇幅较短，且说明的问题具有较强的代表性和参考价值，故全文收录，可谓是"案中案"。

文章开篇用两段简洁的话介绍了综述型论文的基本概念及基本结构。然后着重阐述综述型论文撰写的4个基本要求。第一和第三个要求中，既有基本概念的概括性阐述，又有典型案例的简要分析，既直观，又理性，容易让读者掌握其中的方法和要求。尤其是选取的相关案例，都是"述"与"评"有机结合的例子，为读者撰写述评型论文和课题申请书中的已有相关研究述评提供了有效的方法论指导和可供借鉴的案例。

第四节　叙事型论文

一、叙事研究的基本内涵

所谓叙事，是指叙述故事，即陈述已发生或正在发生的事情。叙事普遍存在于文学艺术作品和人们的日常生活和工作之中，是人们表达思想的有效方式。简单地说，叙事研究指的是使用或分析叙事材料的研究。[①]

叙事研究并非教育研究领域的"新潮"或"另类"，它一直存在于传统的教育研究之中。[②] 教育叙事研究法指的是通过对有意义的教学事件、教师生活和教育教学实践经验的描述、分析，发掘或揭示内隐于日常事件、生活和行为背后的意义、思想或理念，从而帮助教师改进自身的教育教学，以更鲜活的形式丰富教育科学理论，并促使教育政策的制定与实施更加完善和灵活的一种质的研究方法。[③]

二、教育叙事型论文的基本特点

第一，实证性。教育叙事研究既可以显示为真实的叙事，也可以显示为虚构的叙事；教育叙事研究既可以叙述故事，不对故事做评论或解

---

①胡东芳：《教育研究方法：哲理故事与研究智慧》，华东师范大学出版社2009年版，第150页。

②刘良华：《教育叙事研究：是什么与怎么做》，《教育研究》2007年第7期，第84—88页。

③程方生：《质的研究方法与教师的叙事研究》，《江西教育科研》2003年第8期，第22—24页。

释，也可以对自己讲述的或他人讲述的故事进行再评论和解释（类似"文艺评论"）；教育叙事研究是质的研究的一种形式，属于实证研究。①

第二，"有情节""有意义"。教育叙事研究的内容不仅要"有情节"，而且要"有意义"。"有情节"指的是通过选取冲突的焦点或高潮点或引人入胜点来开展故事的讲述，而不是平铺直叙或是简单的"记流水账"。"有意义"指的是叙事只是手段，叙事谈论的是特别的人和特别的冲突、问题或使生活变得复杂的相对完整的故事，叙事的目的是让读者或听众能够自然而然地感悟出其背后的教育道理或意义所在。

第三，归纳性。教育叙事研究获得某种教育理论或教育信念的方式是归纳而不是演绎。也就是说，教育理论是从已经发生的具体教育事件及其情节中归纳出来的。

第四，反思性。教育叙事研究是一种反思性研究，其根本特征在于反思。教师在叙事中反思，在反思中深化对问题或事件的认识，在反思中提升原有的经验，在反思中修正行动计划，在反思中探寻事件或行为背后所隐藏的规律、理念和思想。离开了反思，叙事研究就会变成为叙事而叙事，就会失去他的目的和意义。②

三、叙事型论文写作的基本路径和步骤③

刘良华教授非常简明扼要地概括了叙事研究的思路："叙事研究无论是采用历史研究的方式，还是采用调查研究的方式，其基本路径都是

---

①刘良华：《教育叙事研究：是什么与怎么做》，《教育研究》2007年第7期，第84—88页。
②胡东芳：《教育研究方法：哲理故事与研究智慧》，华东师范大学出版社2009年版，第151页。
③刘良华：《教育叙事研究：是什么与怎么做》，《教育研究》2007年第7期，第84—88页。

收集资料—解释资料—形成扎根理论，其重点是分析资料并形成扎根理论。"这一思路可以分解成以下两个紧密相关的步骤。

1. 分析资料，确认"关键事件"与"本土概念"

从时间顺序上看，收集资料在先，分析资料在后。研究者在以访谈或者观察、问卷的方式收集资料之后，接下来便需要对资料进行整理和分析。分析资料的过程，就是从"一团乱麻"中"理出头绪"。但是，在实际研究过程中，分析资料与收集资料是一个相互推动的过程，如果没有分析资料的意识，研究者将不知道从哪里开始"收集资料"，甚至可能在收集到大量资料之后，在分析资料时却发现所收集到的资料只是一堆没有意义的"废料"。因此，分析资料应该与收集资料同步进行。收集资料一旦开始，分析资料也就同时启动。因此，这个步骤需要在收集资料的基础上解释资料，并在解释资料的同时进一步收集资料。

2. 在解释资料的基础上形成"扎根理论"，将"本土概念"还原为"本土故事"

所谓扎根理论，就是在收集和分析资料的基础上归纳出相关的假设和推论。扎根理论的形成及相应的"写法"通常有以下3种方式：一是"情境式"研究报告，即将调查研究中所获得的材料整理后写成一份有情节、有内在线索的故事，将相关的教育理论隐藏在故事的深处，偶尔也可以从叙述故事的过程中跳出来发表某些议论。二是"聚类分析"，即将调查研究中所获得的材料分门别类，每一个类别实际上就是一个相关的教育主题或教育道理。分类之后，再用相应的材料或故事来为这些教育主题或教育道理提供"证词"。三是"先叙事，后解释"。它是前两者的综合，在整体上保持故事的完整性和情节性，但每一个故事都有一个相应的教育主题或教育道理。而且各个教育主题和教育道理之间有某种内在的联系。其具体的"写法"要么显示为"夹叙夹议"，要么显示为"先叙后议"。

值得注意的是，整个研究应以方法为核心，以即时性反思为主线，迂回渐进，层层深入，直到研究结论自然呈现。所以，在研究之前应明确"解释"与"表达"这两种研究方法的联系与区别。"解释"注重探讨现象背后的原因，是从经验中分类、形成概念、建构理论的一种方式。它首先要求将原始资料尽量客观地呈现出来，分解成可控的因素，避免研究者依据自身的需要对资料进行"裁剪"与"取舍"。传统的科学研究一直都重视"解释"而忽视"表达"。叙事研究强调"经验表达"，"表达"是一种呈现经验以彰显其意义的方式，要求研究者深刻体会经验，不是为了便于分析而随意取舍。它是现象学常用的一种方法，更注重话语的情境因素；它可以不直接阐明意义，而是通过隐喻等多种方式揭示其内在本质。故事的意义是通过表达自然呈现的，而不是通过人为的解释被赋予的。强调"表达"并不意味着在叙事研究过程中讲故事具有随意性，而必须遵循一定的规则，因此也具有科学性。"解释"与"表达"之间既是相互区别又是辩证统一的关系，当前者完成时，后者也就随之呈现，即表达可以丰富解释，而解释又可以使表达更清晰。

实例7-7：叙事型论文范本

优秀大学英语教师的成长历程与反思：一项叙事研究[①]

一、研究背景

二、教育叙事研究

三、研究设计与研究过程

四、邹老师的专业发展历程

在第一次访谈中，邹老师用了"懵懂""迷茫""明朗""无奈"

---

①吴鹏、季丽珺、徐慧霞：《优秀大学英语教师的成长历程与反思：一项叙事研究》，《现代教育科学》2010年第10期，第1—6页。

和"坦然"5个关键词来概括他近 20 年"跌宕起伏"的职业生涯。在此后的 2 次访谈中，他又分别使用这些词语来形容自己不同阶段的心理状态。纵观所有话语资料，我们认为这 5 个具有"本土概念"意义的词语非常贴切地诠释了邹老师专业发展历程的 5 个重要阶段。

1."懵懂"期：1992—1994 年

走上教师岗位的前 3 年是邹老师迄今为止"最繁忙的 3 年"。作为新教师，他与其他年轻教师一样被安排了大量的教学任务，"如何站稳讲台"是他最为关切的问题……

2."迷茫"期：1995—1996 年

工作的几年，邹老师都在"紧张忙碌之中度过"，几乎没有时间停下来思考"接下来的路应该怎么走"。1996 年 6 月的几场讲座让他第一次认真地思索自己的专业发展……

3."明朗"期：1997—2003 年

为了"增长学识，开拓视野"，同时也为了找到"教、学、研的结合点"，1996 年底，邹老师报考了硕士研究生并以优异的成绩被江苏省某重点师范大学录取，从此开始了为期 3 年的在职读研生活。邹老师认为这是他"至今为止最为重要的学习经历"……

4."无奈"期：2004—2005 年

2004 年 8 月，邹老师以优异的科研和教学业绩被选聘为外国语言学及应用语言学专业的硕士生导师。对于这一殊荣，邹老师并未兴奋太久，因为他感觉自己的专业发展似乎"走入了死胡同"……

5."坦然"期：2006—2010 年

"沉寂"了近 1 年之后，邹老师决定重新理顺自己的工作与生活。促使他跳脱无助、无奈局面的是对学生、工作和专业的那份责任感……

五、反思与启示

1. 教师发展的"高原期"现象

邹老师最终通过两种方式走出了低迷的高原期：第一是缩减工作量，第二是增加集体反思与讨论的机会……适量的教学任务可以让他留出足够的时间用于教学后的反思，更加清楚地看到自己的优势与不足，寻找发扬与改进的途径。而集体反思与讨论则可以帮助他发现更多的实际问题，同时也拓展了解决问题的思路。也就是说，反思时间与空间的增加是邹老师走出"高原地带"的重要途径。他的做法对同处"高原期"的教师来说，无疑具有一定的启示性意义。

2. 教师专业发展的有效途径

①及时、持续的教学反思；②定期的脱产进修；③任务驱动式的专业合作。

3. 大学英语教师发展的主要阻力

就邹老师的个案而言，缺失的职前教育、繁重的教学任务及"一刀切"的教师评价方式是阻碍他专业发展的3个主要因素。

4. 教师专业发展的动力

邹老师专业发展的动力主要来自以下两个方面：①优秀同行的示范作用；②强烈的职业责任感。强烈的职业责任感是激励邹老师在5个不同发展阶段始终坚持不懈的最大动力和根本动力。邹老师认为，这种责任感主要源自自己长期以来对"说英语和教别人说英语的向往与热爱"。因此，我们的外语教师教育不但要教会教师如何去教学和研究，还要努力引导和激发教师的专业热情与责任感，使其成为教师专业发展的可持续性动力。

简析：

本文是一篇比较典型的教育叙事研究论文。作者以邹老师为研究对象，在对其多次访谈中获取了大量信息，认为"懵懂""迷茫""明朗""无奈"和"坦然"5个关键词具有"本土概念"意义，贴切地诠释了其专业发展的重要历程。

通过典型的个案叙事研究，文章首先认为，邹老师的做法对同处高原期的教师具有一定启示性意义；其次，从及时持续的教学反思、定期的脱产进修、任务驱动式的专业合作等方面提出教师专业发展的有效途径，从优秀同行的示范作用、强烈的职业责任感两方面分析了教师专业发展的动力。此外，还从职前教育的缺失、过于繁重的教学任务、"一刀切"的评价方式等方面剖析了制约大学英语教师发展的主要因素。正如该文结论所希望：每位大学英语教师都能从邹老师一波三折的发展经历中找到自己的影像，并对邹老师成长历程中的若干细节做出自己的理解、阐释与反思，进而发现并思考自己专业发展中所遇到的问题；教育管理部门能对现行的外语教师教育体制、教师管理制度和教师评价体系进行反思和适当的调整，使其更有助于大学英语教师的专业发展。这段总结揭示了邹老师专业发展历程的价值和意义所在，从而使文章的立意得到进一步升华，具有"画龙点睛"的作用。

第八章　教育科研论文的写作与规范

一篇论文从撰写者萌发写作动机到公开发表，大致包括以下若干环节或流程：论题的筛选与写作主题（方向）的确立；资料的收集、梳理、甄别与应用；论文基本框架的构思与写作；论文的修改、提升与定稿；论文的投稿与发表。关于论文论题的筛选与写作主题（方向）的确立，前文已详细阐述。资料的收集作为论文写作的基础性过程，要充分体现广泛性、真实性和典型性，资料运用则要掌握科学的分析方法，确保论文结论的全面性、真实性和说服力。论文的构思与创作要做到思路清晰、主题鲜明、方法科学、格式正确、结构完整、论证严密。要高度重视论文修改环节，一定要对论文进行精雕细刻、悉心打磨，须知好文章都是"磨"出来的。在论文形成的各环节，要充分体现规范性，做到工作踏实、方法科学、数据准确、结论可信；要遵守学术规范，恪守学术诚信，树立严谨的治学态度和求真务实的良好学风。

第一节　论文资料的收集与运用

俗话说得好："巧妇难为无米之炊。"做课题、写论文，首先离不开材料。材料是最基础的，收集材料、甄别材料、运用材料是从事科研工作必备的基本功。无论是论文，还是调研报告及其他形式的研究成果，其质量与材料之间具有很大的关系，因为任何研究成果都要以有效材料作为支撑。正如建造房子，设计美观只是一个方面，而房子的质量则主要取决于原材料的质量，材料是否货真价实、有无偷工减料等，都会影响到房子的质量。

一、材料的基本类型与获取方法

论文与课题报告的材料主要可分为理论（文献）型材料和实践（实证）型材料两大基本类型。

1. 理论（文献）型材料及其获取方法

理论（文献）型材料主要是为自己的研究提供理论指导、理论依据、研究范式和基础性数据（如史料），既是为了夯实成果的学术基础，也是为了提升成果的理论层次。理论（文献）型材料主要是通过文献研读的方式获取的，真正从事科学研究的学者、专家往往喜欢研读原著，弄清原著所述问题的准确含义和前因后果，从中发现问题、揭示本质。对于外文著作，外语水平高的人大多不喜欢阅读译作，因为译作往往具有二次创作的性质，会因译者的学识、阅历（特别是语言表述水平）等因素呈现明显的差异性，从而影响读者和研究者的准确判断。外文著作中，自然科学与人文社会科学之间存在很大的差异性，如数学和化学，中文和外文大多以公式为主，中外文之间的差异不大，阅读难度相对也较小；而文学作品、史学论著等人文社会科学类作品，中外文之间的差异性太大，正所谓"一千个观众眼中就有一千个哈姆雷特"。因此，关于马克思列宁主义等经典理论，习近平总书记反复强调读原著、学原文、悟原理。不读原著，很容易陷入理解片面、断章取义的歧途。

但是，广大的一线老师由于教育教学工作繁忙，可能没有足够的时间阅读原著,也没有阅读原著的习惯(特别是理论性、学术性强的作品)。那么,这需要作者在阅读优秀论文时,善于从他人的论文中发现和收集适合于自己写文章的理论(文献)型材料。但需要特别提醒的是,他人在引用时肯定注明了这些理论(文献)型材料的出处,因此在引用时最好根据引者的提示,阅读原著的相关内容:一是进行认真核对;二是明晰准确含义和因果关系。因为他人在引用时,很有可能是转引的,即使是直接从原著中引用,也难免出差错。如果不加以核对和领会就予以转引,就很容易造成"以讹传讹"的现象。在引用过程中,要尽量保持原汁原味,尤其是直接引用,千万不要随意改动原著中的字,引者没有修改的义务和权利。比如,以往中学语文课本中有关鲁迅先生文中的个别字,明明是错字或别字,编者却偏偏加注为"通'×'字",这就意味着此字为通假字。既然是通假字,那就不是鲁迅先生的专利了,鲁迅先生可以用,别人也可以用。如果对引用的字存疑,恰当的表述方式是在该字后面加个括号,注明"引者疑为'×'字"。如果对引用的其他材料存疑,可用注释形式加以说明,也可根据需要专题撰文予以详细论述。

2. 实践(实证)型材料及其获取方法

实践(实证)型材料,对于职教老师而言,笔者主张以亲身在教育教学、科学研究和社会服务过程中的实践为主要获取途径。例如,教育科研,笔者一直强调新入职的老师要尽量做好"教学后记",定期对自己的教育教学工作进行总结反思,可以是一星期,也可以是半个月,甚至是一个月,认真梳理和总结前一阶段自己在教育教学中的成败与得失,对工作进行查漏补缺,了解哪些方面比较成功和满意,哪些方面存在明显不足、有待改进,不足的原因是什么,下一阶段如何克服这些不足,等等。再比如,在备课的过程中,很多问题预设得很完美,但课堂教学中却没有达到预期效果,原因何在?在 A 班上课时出现的问题,在 B 班是如何及时得以改进的？备课过程中没有预料到的问题，在课堂中是如何智慧巧妙地解决的？长此以往，写论文、做课题就有用不完的素材，而且这些素材都是在亲身实践中积累起来的，是人无我有、具有特色的材料，特色才能彰显生命力。再比如，在调研和访谈中是运用哪种方式取得一手材料的？大部分老师的家访工作做得很多、很实，那么这些素材有没有得到有效积累？如果对每次家访所取得的素材都进行科学整理和分析，做课题、写论文就会有取之不尽、用之不竭的第一手素材。

对于理工科教师而言，主要采用3种方法获得原始数据，即理论分析、实验研究和数值计算。针对理论分析，首先建立流体运动的方程组与定解条件，其次求解方程组（精确解或近似解），最后进行算例验证。其优点是用数学方法揭示流体运动的内在规律，普适性好；而缺点是数学难度大，分析解有限。实验研究是根据模化理论通过实物实验、模型实验进行观察和测量，再得到实验测量数据的。其优点是结果可靠，可发现新现象、新原理，并验证其他方法得到的结论；而缺点是普适性差。针对数值计算，首先确定方程组与定解条件，其次选用适当数值方法，最后通过算例编程计算，得到计算数据。其优点是能在复杂流动情况下求解，应用广泛，结果直观；而缺点是存在近似性、数值不稳定。

当然，实践（实证）型材料也可以是他人的材料，如前文所涉的教育叙事研究案例中的材料，就是作者基于他人的事迹和材料进行叙事、总结和提炼的。总而言之，无论是理论（文献）型材料，还是实践（实证）型材料，平时的学习和积累都十分重要。要形成良好的科研习惯和素养，就要从平时做起，要从点点滴滴的实践做起。

二、材料收集和处理的基本原则

1. 尽可能多地获取和掌握材料

之所以强调尽量多地获取和掌握材料，目的就是最大限度地保证结论的全面性，尽可能地避免以偏概全的弊端。比如，一位任课老师向班主任反映，××同学的成绩一塌糊涂，班主任觉得该同学的成绩总体是不错的。两位老师之间为什么会得出截然不同的结论呢？实际上，他们都没有错，前者掌握的是其所任教课程的成绩，因而具有片面性；而班主任所掌握的是该同学所有课程的成绩，因而具有全面性。再比如，一直困扰广大教师的学生品行评价问题，一般来说，学生往往会在老师面前展示自己好的一面，但老师与学生在一起的时间毕竟有限，对于超出自己视线的言行举止，老师就很难做出判断。所以，对学生品行的评价始终是个难题。如果一名学生的考试成绩很好，其他方面也未见异常，评优评先凭什么不能给他。众所周知，这种以智育为主的评价方式在应试教育大背景下具有很大的片面性，但都苦于找不到更好的解决办法。

2. 学会鉴别材料，掌握去伪存真的方法

只有剔除假的材料、利用真的材料，才能最大限度地保证结论的正确性。在历史研究中，运用文学作品中的素材来揭示历史现象具有很大的模糊性和不确定性，因为包括诗词在内的文学作品都具有想象、夸张等重要特征。比如，柳永的《望海潮·东南形胜》将当时杭州的繁华景象形容为"参差十万人家"。词中的"十万人家"只是形容手法，如果在历史研究中将此作为当时杭州人口的数量依据，那就不是科学研究的方法和态度了。作为定性分析，尚且可以应用，但要反映当时杭州人口的真实数据，则需要从地方志等其他文献中寻找，并做出比较和判断，这就是去伪存真。

3. 学会筛选材料，掌握去粗取精的方法

材料是否具有代表性、典型性，直接关系到结论的说服力和可信度。因此，研究者要善于对众多庞杂的材料做出准确研判，从中提取能说明问题的核心材料，突出材料的经典性和权威性。比如，运用教育理论时，引用一位普通老师的话，评委、编辑往往会感到分量不足，认为不具有权威性。相反，意思相同或相近的说法，引用陶行知、叶圣陶、魏书生等名人的，就会产生不同的效果，这就是所谓的经典性、权威性。在古代社会，许多名门望族的家谱序言、墓志铭，往往由与自己交往甚密的文人名士所做，因而难免充斥溢美之词，这就需要研究，加以仔细考证和辨别。由此也充分说明，科研工作者需要具有独立人格，不能盲从权威，也不能因人废言。

4. 学会分析材料，掌握科学的分析方法

写论文就是要自圆其说地得出合理的结论和观点。同样的材料，不同研究者得出的结论可能有差异，甚至可能截然相反。这就需要掌握科学的分析方法，做到合情合理，令人信服。值得强调的是，科学研究一定要排除任何非学术因素的干扰。比如，担任评委工作，既要做到客观、公平、公正，又要充满智慧。

第二节　论文的基本格式与结构

一、论文的基本格式

论文具有严格的格式要求。尽管论文格式会因各期刊的不同要求而有一定的差异，但核心要素不可缺少。一般而言，一篇完整的论文，主要包括论文题目、作者与作者单位、内容提要（摘要）、关键词、正文、注释与参考文献等要素。具体如下：

（1）论文题目。

（2）作者与作者单位。

（3）摘要（提要、内容提要）。

（4）关键词。

（5）作者简介。该部分具体标注方法不尽相同，如《浙江社会科学》《探索与争鸣》等期刊，将其置于关键词之后，很多期刊将其作为论文首页脚注，可包括作者姓名（性别、出生年月），工作单位，职称／学位、主要研究方向和通讯方式等内容，具体因期刊而异。

（6）基金项目标注。对于获得各类基金资助而产生的研究成果应予以标注说明，具体方式因期刊而异。

（7）正文。该部分一般包括绪论、本论、结论3部分。本论部分很显然是论文的主体，绪论和结论部分可视论文的实际情况，并非必备部分。因此，可有4种具体情况：绪论、本论、结论三者齐全；只有绪论和本论；只有本论和结论；只有正文部分。

（8）注释（参考文献）。该部分使用方法也不尽相同，具体有夹注、脚注和尾注3种。

很多期刊需要将题目、作者与作者单位、内容提要（摘要）、关键词等内容翻译成英文，这部分内容或在正文之前，或在文后，或集中于当期所有文章之最后，前两者在大学学报中应用较为广泛，后一种在社会科学类期刊中较为常见。

此外，有些期刊为了便于文章检索，会要求在论文中标上"中图分类号"和"文献识别码"。

实例 8-1：论文格式例示

政治冷漠与教育的谋生化①

高德生

内容提要 ……

关 键 词 政治冷漠；教育的谋生化；现代性的后果

作 者 高德生，教育部人文社会科学重点研究基地南京师范大学道德教育研究所教授、博士生导师。(南京 210097)

基金项目 全国教育科学规划国家一般项目"道德冷漠与道德教育"(BEA120030)

正文 (略)

注释

参考文献 (略)

---

①高德生：《政治冷漠与教育的谋生化》，《探索与争鸣》2013年第5期，第84—89页。

二、论文的基本结构与写作要领

关于论文题目的表述方法与要求，前文已进行专题介绍；关于注释与参考文献的标注规范与方法，将在后文详细介绍。此处就摘要、绪论、本论和结论等问题做详尽阐述并举例示范。

1. 摘　要

摘要，也叫提要或内容提要，是对论文的核心内容和主要观点的高度概括和提炼，言简意赅地揭示论文主旨。对于摘要，要求表达简洁，准确到位，字数一般控制在 300 字左右，不宜长篇大论。摘要（提要）所体现的不仅是作者对全文的总体概括能力和语言锤炼能力，也体现了作者的自我推介水平。简言之，作者要善于通过简短的提要，深深地吸引和打动编辑、评委和读者，让人一看就明白其中的写作意图、主要观点、创新程度、学术价值和社会效果，也让人们领略作者的写作风格和水平。摘要如果能让编辑、评委和读者产生"非用不可""欲罢不能"的冲动，那就达到了最佳的预期目的。

实例 8-2：摘要范本

内容提要：南宋初年，孔子第四十八世孙孔端友率部分族人扈跸南渡、定居衢州，形成的孔氏南宗，逐渐成为以儒家思想为核心的中华文化在南方的象征符号，成为历代王朝崇儒重道的物化象征。作为文化符号，孔氏南宗在强化浙西南地区国家认同、促进社会和谐及宗族形态发展方面具有重要作用。孔氏南宗与儒家思想虽没有学派上的直接联系，但作为具有象征意义的文化符号，为儒家文化在南方的广泛传播及南北文化融合做出了积极贡献。孔氏南宗在坚持自身特征的同时，主动适应地域文化、顺应时代变迁，从一个侧面折射出儒家思想在南方地区的演进历程。①

简析：

在该文摘要中，作者首先以十分简洁的言辞概括出孔氏南宗是"以儒家思想为核心的中华文化在南方的象征符号""历代王朝崇儒重道的物化象征"这些重要特征。以此为逻辑起点，揭示这一文化符号在强化国家认同，促进社会和谐、宗族形态发展及儒家文化的广泛传播与南北文化融合等方面的重要历史作用，从而将全文的核心观点和思想高度浓缩于其中。

有些期刊会在"征稿和编辑要求"中对"摘要"的撰写提出指导性意见，以《机械工程学报》为例：

（1）摘要应具有独立性和自明性，拥有与文章同等量的主要信息，达到即使不阅读全文也能获得主要的信息。

（2）摘要应包括下列内容：研究的目的，采用的方法，试验的结果，得出的结论。

（3）摘要的字数：中文300—500字为宜，中英文要保持一致。

（4）在语言表达方式上注意下列问题：排除在本学科领域已经成为常识的内容，不要简单重复篇名中已经表述过的信息；如实地反映所做的研究工作，提供尽可能多的定量的信息；不可进行自我评论，不应有如"……属于首创""……尚未见报道"等；采用第三人称的写法，不用"本文""作者"和"笔者"等；缩略语和简称首次出现时，要用全称并给出简称；关键词不用缩略语和简称，已通用的除外；摘要中不要使用图、表和参考文献，一般不分段；英文摘要采用被动语态、现在时，

---

①吴锡标、张慧霞：《孔氏南宗的符号特征与文化意义》，《浙江社会科学》2010年第7期，第90—94页。

不要出现"Author""This paper"等。

综合多个期刊关于摘要撰写的提示和要求，以下问题要特别重视：第一，摘要千万不能对论文进行自我评价；第二，撰写摘要时切忌使用第一人称写法；第三，摘要的表述要指向明确，语言要提炼到位，内容要高度概括，主旨要鲜明突出。

2. 关键词

关键词反映了论文的核心信息，一般不少于 3 个，5 个以内居多，最多一般不超过 8 个。很多情况下，论文题目中就隐含着若干关键词。提取和拟定关键词的重要原则是能够充分反映论文主题，一般可从研究对象、研究范围、主要内容和观点等关键问题入手，诸如"研究""讨论""调研""分析""实验"等类似于研究方法的词，不宜作为关键词。

3. 正　文

正文是论文的主体，主要包括绪论、本论和结论 3 个部分。

（1）绪论。绪论，也叫引言、前言、序言等，在论文中具有统领、引导和提示等作用，其主要任务是讲清"为什么（Why）"的问题。绪论可以是简单的背景和意图介绍，也可以是文献的简要述评、研究对象的概念界定、调研或实验的动机与目的的阐述等。绪论作为论文的"引子"，必须做到言简意赅，篇幅虽然不长，但高质量的绪论却能起到"先声夺人""未成曲调先有情"的效果，犹如打动人心的大合唱前奏一般，深深地打动和吸引编辑、评委和读者。

绪论的写法不拘一格，因文而异，可以采用直截了当、价值阐明、概念界定、设问喻示、揭示弊端、批驳等方式。现结合典型案例，就这几种方法进行具体阐述。

第一种：直截了当。在序言中言简意赅、开门见山地阐明论文的主旨，将主要内容和核心观点蕴含其中。

实例 8-3：绪论范文 1

德行和性格决定了他在官场上的命运；天赋和才能奠定了他在书法
艺术史上的地位，他就是——①

简析：

这是笔者《秉性刚直 精于书法的褚遂良》一文中的序言。这两句话
看似简短，其蕴含的信息量却非常大，让人看了就想深入了解——此人
究竟具有怎样的德行和性格，其官场命运究竟如何；此人究竟拥有怎样
的天赋和才能，在中国书法艺术史上究竟拥有怎样的地位和影响。编辑、
读者看到这个序言，就很想知道褚遂良究竟是一个什么样的人。这是十
分典型的开门见山、直截了当的表述方法。

第二种：价值阐明。在序言中阐明论文写作的背景动机、问题解决
可能产生的学术价值、应用价值或社会效益，以引起他人的重视。

实例 8-4：绪论范文 2

随着我国工业化和城镇化的快速进展，农民工总量持续增加……该
群体已成为外出农民工的主要群体。随着这一群体的发展与年龄的增长，
其婚姻家庭问题已成为社会高度重视和急需解决的问题，它不仅关系到
农民工个体和家庭的幸福，还影响到整个社会的和谐发展。在城镇化进
程中，农民工的婚育观念、婚姻资源和家庭结构发生了极大变化……那
么目前我国农民工对其婚姻满意度处于一个怎么样的水平？第一代农民
工和新生代农民工的婚育模式存在怎样的差别和特点呢？其婚育模式是
否会影响婚姻满意度？对于上述问题的回答，不仅有助于把握农民工婚
育模式和婚姻满意度的现状，还能帮助我们从代际的视角分析农民工婚

---

①吴锡标：《秉性刚直 精于书法的褚遂良》，《文史知识》2000年第3期，第
101—105页。

育模式对婚姻满意度的作用机制，更加清楚地了解农民工的婚姻特点，也有利于增强农民工的婚姻稳定性，提高其婚姻质量。[①]

简析：

该文在简短的篇幅中，揭示了以下几方面问题：一是研究的背景和意义，即农民工群体的"婚姻家庭问题已成为社会高度重视和急需解决的问题，它不仅关系农民工个体和家庭的幸福，还影响到整个社会的和谐发展"。二是指出农民工婚育观念、婚姻资源和家庭结构变化所折射的本质问题，包括农民工对其婚姻满意度处于一个怎么样的水平，第一代农民工和新生代农民工的婚育模式存在怎样的差别和特点；其婚育模式是否会影响婚姻满意度。三是指出解决这些问题的价值：有助于把握农民工婚育模式和婚姻满意度的现状，从代际的视角分析农民工婚育模式对婚姻满意度的作用机制，了解农民工的婚姻特点，增强农民工的婚姻稳定性，提高其婚姻质量。

第三种：概念界定。概念界定，也可以叫名词解释，即在序言中就运用的新理论、新思想、新概念或特定研究对象等他人不熟悉的概念做出明确的解释或界定，让他人从中认识其创新性或重要性等。

实例8-5：绪论范文3

圣政是专门记录宋代自太祖以降历朝皇帝的"圣政嘉言，皇猷美事"的一种史籍，目的在于为后代帝王提供历史借鉴，使之从中汲取治世经验。有宋一代，皇帝十分重视圣政的编纂和阅读学习，而经筵讲读是皇帝阅读学习圣政的重要途径。学术界关于圣政编纂与经筵讲读关系的研究，已有一些成果，但尚有讨论的余地。故本文在前人研究的基础上，

---

①陈莉、俞林伟：《代际视角下农民工婚育模式与婚姻满意度的关系研究》，《浙江社会科学》2018年第12期，第77—85，157—158页。

首先探讨宋人如何认识圣政这种史书；其次考察宋代圣政的编纂情况；最后探讨圣政在经筵活动及处理朝政中的运用，以明宋人认识、圣政编纂和经筵讲读圣政三者的关系。[①]

简析：

该文使用了概念界定和直截了当两种方法写序言。"圣政是专门记录宋代自太祖以降历朝皇帝的'圣政嘉言，皇猷美事'的一种史籍……经筵讲读是皇帝阅读学习圣政的重要途径"，对"圣政"这一概念的内涵做了简明扼要的解释。"本文在前人的研究基础上，首先探讨宋人如何认识圣政这种史书……以明宋人认识、圣政编纂和经筵讲读圣政三者的关系"，则直截了当地指出了文章的主要研究内容。

第四种：设问喻示。在序言中用设问的方式抛出遇到的理论或现实问题，指出存在的疑问或困惑，从中喻示着要解决的问题及其解决方法。设问喻示的方式相较于肯定陈述方式而言，更能让受众认识到问题的重要性，具有重要的启发意义。因此，这种方式很容易引起别人关注。

实例8-6：绪论范文4

大学与象牙塔在语言指称与意义联系方面存在诸多模糊不清之处，有人认为象牙塔是大学的雅号或对大学的昵称，也有人认为这是大学的绰号或对大学的蔑称。我们到底应该如何认识象牙塔与大学之间的意义联系？如何认识这一称号的现实意义？又该采取何种态度对待这一称号呢？这值得我们认真思考。[②]

---

①他维宏、法祖宗、禅治体：《宋代圣政编纂与经筵讲读》，《历史教学问题》2019年第6期，第45—51，187页。

②蔡先金：《大学与象牙塔：实体与理念》，《高等教育研究》2007年第2期，第33—38页。

简析：

该论文使用的是典型的设问喻示方法。针对"大学与象牙塔"在语言指称与意义联系方面存在的模糊不清，设置了 3 个层层递进的问题，即如何认识象牙塔与大学之间的意义联系？如何认识其现实意义？对其采取何种态度？这 3 问为全文的立论奠定了基调，喻示了全文所要解决的关键问题。接着，正文从"象牙塔是大学的精神家园""象牙塔的当代境遇""车之两轮：象牙塔建设与大学开放"3 个方面深刻回答了设问所指的具体问题。

第五种：揭示弊端。在序言中指出某种不良现象若任其发展的话可能会产生的后果或不良影响，强调其严重性和迫切性，引出拟解决的途径或方案，这种方式比较容易引起同行的共鸣。

实例 8-7：绪论范文 5

目前，水能资源开发所引发的生态环境问题一直没有得到有效解决，其中矛盾最突出的就是水电工程对鱼类生态造成的负面影响，严重时甚至导致某些鱼类种群濒临灭绝，进而影响水产渔业的发展。[①]

简析：

该序言直截了当地指出，"水能资源开发所引发的生态环境问题一直没有得到有效解决"将会"导致某些鱼类种群濒临灭绝，进而影响水产渔业的发展"。因此，"水能资源开发所引发的生态环境问题"必须引起政府部门和科学界的高度重视，必须千方百计地予以解决。否则，后果会非常严重。

该文运用的就是揭示弊端方法。言下之意就是，如果继续任这种弊端发展，后果将会十分严重，说明这一问题已经到了必须下大决心、花

[①]朱国俊、吉龙娟、冯建军等：《鱼类通过混流式水轮机转轮时受压强及剪切损伤的概率分析》，《农业工程学报》2019年第35卷第2期，第55—62页。

大力气解决的时候了。如此起到了"问题怎么解决，且听下文分解"的作用，这就自然而然地突出了序言的渲染效应。

第六种：批驳。批驳，也叫反驳、驳斥，这很显然是质疑纠错类的论文。因此，需要在序言中简明扼要地指出别人的错误或不足之处，这就好像"打靶"之前先要将"靶"竖起来，才能为开展"有的放矢"的论证做好十分自然的铺垫。这类论文的序言往往以"商榷"的方式呈现。

实例 8-8：绪论范文 6

樊纲教授最近发表了两篇关于发展经济学研究主题和内容的重要论文。一篇是《'发展悖论'与'发展要素'"——发展经济学的基本原理与中国案例》（樊纲，2019）；另一篇是《'发展悖论'与发展经济学的'特征性问题'》（樊纲，2020）。两篇论文立足于对现实的观察，提出了不少重要观点。

……我们赞同两篇文章的很多观点……

但是我们不同意樊纲教授的另一些观点。比如，他把发展中国家的比较优势仅仅等同于劳动力资源丰富的优势……"客观上说，一个落后国家在一开始的时候，也就只有廉价劳动力这一个发展要素。但是，如果只靠这个要素来支撑增长，增长不会持续，也解释不了像中国这样40年的持续增长。中国还是人口大国，我们也逐渐遇到了劳动力短缺问题，而其他人口小国用不了几年，劳动力就会耗尽，还怎么发展？现实中，很多发展中国家也是因为仅仅发挥了比较优势，所以没过多久，经济就出现了停滞，经济增长未能实现一个长期持续从而真正缩小差距的过程。所以，要解释中国最近20多年的持续增长，最重要的已经不是比较优势。"

又如，樊纲教授在两篇文章中把比较优势和后发优势作为两个不同发展阶段上继起的互不相干的两个事情……"第一阶段，纯粹依靠比较优势，挣得'第一桶金'，从而可以开始建设更多的基础设施，可以更多地投资教育。第二阶段，进入比较优势与后发优势同时起作用的时期。第三阶段，继续学习模仿，发挥后发优势，同时也到了加大自主创新的阶段了。"

我们认为，樊纲教授这些观点误解了比较优势和后发优势这两个概念的内涵及其现实含义，有必要加以澄清。比较优势和后发优势固然是两个不同的概念，但在我们看来，比较优势并不仅仅对应着劳动力资源丰富的优势；比较优势和后发优势并非不同发展阶段上继起的互不相干的两件事。这两者之间的关系是，只有顺应比较优势的发展战略才能顺利且充分地释放后发优势。

这样的讨论虽涉及对这些概念内涵的界定，但并非纯然基于不同的内涵界定而展开的概念之争，而是关乎几十亿人口生活水平的重要问题，有着重要的实践意义……[①]

简析：

该文采用批驳法撰写前言。文章开篇首先肯定了对方两篇论文基于现实观察所提出的很多观点，然后话锋一转，明确表示不同意另一些观点，具体包括：一是"把发展中国家的比较优势仅仅等同于劳动力资源丰富的优势"；二是"把比较优势和后发优势作为两个不同发展阶段上继起的互不相干的两个事情"，这样就做到了有的放矢。接着指出这些观点值得商榷的原因就在于"误解了比较优势和后发优势这两个概念的内涵及其现实含义"，强调商榷"是关乎几十亿人口生活水平的重要问题，有着重要的实践意义"。

---

①刘培林、刘孟德：《发展的机制：以比较优势战略释放后发优势——与樊纲教授商榷》，《管理世界》2020年第5期，第10，67—73页。

值得注意的是，上述方式既非绝对的，也非完全独立的。很多情况下，论文作者会综合应用两种以上方式撰写序言。比如调研报告类论文，往往在开篇中既介绍调研动机与目的，又介绍调研对象、调研方法等内容。凡此种种，不一而足，主要是需要根据实际情况而定，适合的才是最妥的。

实例8-9：绪论范文7

孔氏南宗是山东曲阜孔氏南迁后形成的。"孔氏南渡"无论是在孔氏家族史上，还是在中国思想文化史上，都有着特殊的意义。南宋初年，中原动荡，宋室南渡，孔子第四十八世孙、衍圣公孔端友在从父孔传的支持下，率部分族人扈跸南渡。辞别祖庙，依依不舍，南渡途中历尽坎坷，后辗转来到衢州并寓居于此，衢州由此被视为孔氏家族的第二圣地，被史家称为"东南阙里"。在此后的近900年历史长河中，孔氏后裔在广大的江南地区衍生出众多支派，逐渐形成了以衢州孔氏家庙为重要物质遗存、以衢州孔氏为核心、遍布江南地区的孔氏南宗，并成为孔氏宗族中具有特殊地位和影响的重要组成部分。南渡以来，孔氏南宗在继承创新传统文化形态的同时，积极融入江南社会文化环境，互相促进、互相影响，由此形成了内涵深厚、特色鲜明的孔氏南宗文化，并成为江南文化的重要内核之一。从文化内涵上透视，孔氏南宗文化的本质特征在于它是宗族文化、地方文化、政治文化及思想文化的有机统一体；从传承机制上透视，孔氏南宗文化的形成是孔氏南宗自身的积极有为、社会文化环境的综合影响、历代政府的高度推崇及士绅民众的仰慕崇敬四股力量有机作用的结果。①

---

①吴锡标：《孔氏南宗的文化内涵及其传承机制》，《探索与争鸣》2012年第11期，第86—90页。台湾中华孔学会会刊《孔学与人生》2013年第65期全文转载。

简析：

该论文的主题是阐述孔氏南宗的文化内涵与传承机制，那么首先就要让人明白孔氏南宗这一特定概念。因此，绪论的第一层次就是从"以衢州孔氏家庙为重要物质遗存、以衢州孔氏为核心、遍布江南地区"等几个核心要素入手，对孔氏南宗进行明确界定，并指出其在孔氏宗族中的地位。在此基础上，指出孔氏南宗文化是宗族文化、地方文化、政治文化及思想文化的有机统一体，进一步揭示了孔氏南宗自身积极有为、社会文化环境综合影响、历代政府高度推崇及士绅民众仰慕崇敬四股力量的有机作用是这一文化得以传承的有效机制。

绪论将概念界定与直截了当两种方式有机结合，环环相扣，层层递进，从而对编辑和读者起到了有效的引导作用。

自然科学研究论文与人文社会科学研究论文在写法上存在较大的差异性，这种差异性同样体现在绪论的撰写上。正因为如此，比较有影响的自然科学期刊也会对绪论的写作提出具体要求或指导性意见。

比如，《机械工程学报》就绪论的撰写做了以下特别强调：

"绪论简要说明研究的目的、范围，相关领域的前人工作与现状（也叫文献综述，尤其是近年的发展现状和文献）、理论依据、试验基础和研究方法，预期的结果及其作用和意义。应言简意赅，不要与摘要雷同，不要成为摘要的注释。一般教科书中已有的基本理论、试验方法和基本方程的推导，在绪论中不必累述。如实评述，防止吹嘘自己和贬低别人，避免宣传性的用语。对出现的比较专业的术语和缩写词进行定义和说明，后文中出现时不必再解释，绪论中尽量不要出现图。"

实例 8-10：绪论范本 8

近年来，随着小型无人驾驶直升机技术的发展成熟，小型植保无人直升机得到了快速推广和应用。[1-3] 小型植保无人直升机无须专门的起降场地，可开展超低空、低量航空施药，特别适用于传统地面植保机械难以进入的水田、丘陵等复杂地形进行植保作业，具有机动性强、作业效率高、劳动强度低等优点。[4-6] 小型植保无人直升机作业时可通过远程控制，从根本上解决了植保作业时农药对作业人员的危害。同时，小型植保无人直升机作业时雾滴会受到旋翼下洗流场影响，增加了雾滴对作物的穿透性，提高了农药利用率。[7] 但是，直升机旋翼的下洗流场是一种非定常流场，具有周期脉动和时空分布不均匀的特性[8-9]，在超低空飞行植保作业时雾滴的沉积和漂失受到下洗流场的影响很大[10-12]。

目前，研究直升机旋翼下洗流场主要有旋翼涡系理论和计算流体力学（CFD）分析两种方法。旋翼涡系理论方法利用流体动力学中 Biot-Savart 定理、Kelvin 定理和 Helmhotz 定理并结合旋翼尾迹分析，计算旋翼下洗流场的诱导速度场。但是，由于小型植保无人直升机超低空飞行时受到地面效应影响，下洗流场具有非线性流动特征，利用旋翼涡系理论难以计算出超低空飞行时的下洗流场。计算流体力学分析方法利用 Navier-Stokes 方程对下洗流场进行求解，因而能充分捕捉下洗流场的细节特征。[6]

文中利用计算流体力学分析方法对小型植保无人直升机超低空飞行时的下洗流场进行数值模拟，获得不同飞行高度条件下的下洗流场数据，为小型植保无人直升机的优化设计提供依据。①

简析：

绪论首先概括指出小型植保无人直升机的优点及得到快速推广应用的效果，同时指出"直升机旋翼的下洗流场是一种非定常流场，具有周期脉动和时空分布不均匀的特性""在超低空飞行植保作业时雾滴的沉积

---

①石强：《小型无人直升机超低空飞行时下洗流场数值分析》，《排灌机械工程学报》2015年第33卷第6期，第521—525页。

和漂失受到下洗流场的影响很大"等亟待解决的问题。接着指出利用已有研究成果无法解决这一问题的现状，即"利用旋翼涡系理论难以计算出超低空飞行时的下洗流场"，因此需要另辟蹊径，即"计算流体力学分析方法利用 Navier-Stokes 方程对下洗流场进行求解""能充分捕捉下洗流场的细节特征"，最后指出这一研究的价值在于"获得不同飞行高度条件下的下洗流场数据，为小型植保无人直升机的优化设计提供依据"。

这里的逻辑线路十分清晰：从已有成果中发现问题，明确指出研究问题，并阐明研究的意义和价值。

（2）本论。本论部分是整篇论文的主体部分和核心内容，其主要任务是回答"怎么样（how）"的问题。论文的主要研究内容、思想和观点、材料和数据的应用、解决问题的方法和原理、材料与观点之间的逻辑关系、成果的创新与突破点等一系列问题，在本论部分得到淋漓尽致的呈现。本论部分必须做到立论准确、材料（数据）翔实、方法科学、论证充分、逻辑一致，对提出的问题必须做出有理有据的回应，切忌轻描淡写，甚至回避问题。本论部分主要可采用并列式、递进式、并列递进式（递进并列式）等方法进行撰写。

第一种：并列式论证。并列式论证主要从广度上来阐释问题，若干相互之间并列的分观点从全面的角度来支撑全文总观点。

实例 8-11：本论范本 1

宁波海曙区化危为机 提升社区治理水平[①]

习近平总书记多次强调指出，社区是防控工作第一道关，是最前线，可知社区管理防控是基础。浙江宁波市海曙区慎终如始，不折不扣地落

---

①吴鹤立：《宁波海曙区化危为机 提升社区治理水平》，中国社会出版社2020年版，第89—92页。

实中央部署和省、市工作要求，把社区防控工作作为新冠肺炎疫情防控的重中之重，着力夯实基层、改进工作机制、动员多方力量，把好社区关、守好社区门。这既是一场鲜活的富有挑战的基层治理大考验，也是一次提升治理水平、打造社区共同体的重要契机，其中的经验和启示弥足珍贵。

一、党组织始终是社区治理的"硬核"

二、居民自治始终是社区治理的关键

三、网络管理是社区治理高效化的新机制

四、分类施策是社区治理精细化的新要求

五、社会组织、志愿者是社区治理共同体的新主力

六、应急管理是社区治理现代化的新课题

简析：

该文是一篇典型的经验总结和提炼文章，采用了并列式论证方法。文章以宁波市海曙区为例，概括了社区在新冠肺炎疫情防控工作当中的重要作用，即通过疫情防控工作的组织落实，达到了化危为机、提升治理水平的目的。文章对这些做法进行了系统的梳理、总结，将其概括为可供借鉴的 6 个方面，揭示了提升社区治理水平的有效途径。这 6 个方面属于并列关系，从全面的角度，立足新冠肺炎疫情防控实际工作，揭示出提升社区治理水平的做法、经验及启示。此外，该文 6 个标题的表述也十分到位，采用"什么是什么的什么"的句式，概括性极强。

第二种：递进式论证。递进式论证主要从深度上来阐释问题，若干层层递进、丝丝相扣的分观点从深入透彻的角度来支撑全文的总观点。

第三种：并列递进式（递进并列式）论证。并列递进式（递进并列式）论证实际上是对上述两种论证方式的综合应用，是从广而深的角度对论题展开全面而深入的论证，从而使结论既具有广度又具有深度。其实质要么是并列式论证，要么是递进式论证。如果以并列式作为一级分观点，

二级分观点可都采用递进式，也可同时采用并列式与递进式。同样地，如果以递进式作为一级分观点，二级分观点也可都采用并列式，也可同时采用并列式与递进式。但务必注意，同一级分观点，在论证方式上应保持一致，否则就容易造成逻辑上的混乱。

实例8-12：本论范本2

关于公共安全教育融入教师教育治理体系的反思[①]

绪论（略）

一、公共安全教育融入教师教育治理体系的价值

公共安全教育融入教师教育治理体系的价值，主要体现在两个层面：一是本体价值，即教育价值与治理价值；二是派生价值，即社会价值与个体价值。

二、公共安全教育融入教师教育治理体系的瓶颈

1.公共安全认知困境：缺乏系统认识与行动实践

……在现实的教师教育治理体系下，在公共安全认知方面存在认知缺乏之弊端，教师教育治理能力依然存在不足。公共安全认知体现出教师教育对公共安全的全面、系统的认识，以及所形成、具有的安全意识、安全理念和开展的行动实践等。

一是在公共安全的关注类型方面；

二是在公共安全的应急知识方面；

三是在教师教育内部现代化治理方面。

2.课程体系建设困境：公共安全教育融入度不高

一是在通识教育课程体系中，公共安全教育所占分量较低；

---

①于扬、王本余、李志兵：《关于公共安全教育融入教师教育治理体系的反思》，《黑龙江高教研究》2020年第8期，第116—120页。

二是在学科专业课程体系中，价值理性有待提升；

三是在教育类课程体系中，教育价值有余而公共安全素养不足。

3. 治理机制困境："管、办、评"机制仍不健全

一是"管"的机制不健全，公共安全教育管理缺失；

二是"办"的机制不健全，公共安全教育办理缺位；

三是"评"的机制不健全，公共安全教育评价缺乏。

三、公共安全教育融入教师教育治理体系的路径

1. 目标体系：培养具有公共安全教育素养的教师

2. 课程体系：课程整合，融入公共安全教育内容

3. 过程体系：构建公共安全教育"职前—入职—职后"一体化的治理体系

4. 评价体系：内外结合，建立公共安全教育的动态评价机制

简析：

该文采用的是递进并列式论证方式。文章以公共安全教育融入教师教育治理体系为主要研究内容，从教育价值与治理价值、社会价值与个体价值切入，深入剖析制约瓶颈，积极探索和构建实现路径。

全文遵循提出问题、解决问题的逻辑理路，层层递进，不断深入。具体而言，文章以公共安全教育融入教师教育治理体系的本体价值与派生价值为切入点，从公共安全认知、课程体系建设、治理机制等方面进行深刻反思，剖析公共安全教育融入教师教育治理体系的瓶颈，最后有针对性地提出公共安全教育融入教师教育治理体系的路径，主要包括目标体系、课程体系、过程体系、评价体系等 4 个方面。该文对瓶颈及其产生原因的分析透彻到位，从而增强了路径的针对性和可操作性。路径与瓶颈之间具有较强的对应关系。

实例8-13：本论范本3

落实历史解释素养的三个基本问题[①]

2018年教育部颁布了《普通高中历史课程标准（2017年版）》（以下简称"2017版《高中课标》"），规定此后历史课程的目标为历史学科核心素养培养。在历史学科核心素养的5个方面中，历史解释已经公认成了其中的核心和关键。时至今日，即使在CNKI上200余篇相关论著的支持下，落实历史解释素养的教学实践仍更多处于经验总结阶段，并不时出现一些小误区。其中，制约的因素较多，而核心的是对历史解释的3个基本问题的认识：历史解释的重要性何在？历史解释要解释什么？解释历史的方法是什么？作为史学理论和历史哲学领域的重要概念，我们十分有必要借助此专业领域加强上位认识，助力新课标的教学落实。

一、历史解释的重要性何在？

2017版《高中课标》的"课程目标"中规定："能够认识历史解释的重要性。"此问题是落实历史解释素养的天字一号问题，也是要回答为什么学历史的问题。它的重要性不是从新课程的考核目标上去理解，也不是从其在历史学科核心素养中的地位去理解，而应从其本体去理解与认识。史学理论、历史哲学认为，历史解释的重要性在于它对人类历史的存在与发展有重要意义。

1.人们所知的历史及其意义因解释而存在

2.当下和未来的历史取决于今天的历史解释

二、历史解释要解释什么？

1.历史解释不仅仅是解释因果

---

①侯桂红：《落实历史解释素养的三个基本问题》，《历史教学问题》2019年第6期，第130，153—159页。

2. 全盘（完整）解释不可能，关键是说清各事件之间的联系

3. 历史解释不能缺少细节

三、解释历史的方法是什么？

1. 不要生硬套用解释的模式（模型）、理论

2. 历史的与逻辑的方法结合，避开某些误区

所以，解释历史要采用历史与逻辑相结合的方法，这是历史的解释历史的必然要求，具体讲，就是要"追随历史发展的曲折过程，分析重大的历史事件，考察与之有关的有血有肉的历史人物及其活动，甚至还要考察历史发展中的某些偶然的因素和细节"。而以下常见的现象均属非历史的解释历史，应该避免。

（1）以己推人、穿凿附会、以今非古；

（2）变成历史的辩护人、奴仆；

（3）事后诸葛亮（马后炮）、后见之明、逆断、反事实假设。

3. 侧重历史叙事的方法

简析：

将本文作为案例分析范文，主要基于以下考虑：

第一，该文序言文字十分简洁，总共不到 300 字，却突出交代了 3 个重要问题：首先，指出了存在的突出问题，即"历史解释已经公认成了其中的核心和关键"，而"落实历史解释素养的教学实践仍更多处于经验总结阶段"，这是典型的弊端揭示方法。其次，针对上述问题，又直截了当地指出了重点要解决哪些问题，即"历史解释的重要性何在？历史解释要解释什么？解释历史的方法是什么？"最后，指出了文章的价值，即"助力新课标的教学落实"。

第二，该文的论证十分透彻。全文采用的是递进式论证方式，从历史解释的重要性破题，既然历史解释如此重要,那么究竟要解释什么呢？

解释的方法又是什么呢？从重要性到内容再到方法，三者之间的关系层层推进、步步为营。在具体论证的过程中，又将并列式方法穿插其中。第一部分在论述"历史解释的重要性"论点时，用"人们所知的历史及其意义因解释而存在""当下和未来的历史取决于今天的历史解释"两个相互并列的小论点，圆满地回答了2017版《高中课标》"课程目标"中所规定的"能够认识历史解释的重要性"的重要命题。第二部分则从"解释因果""说清各事件之间的联系""不能缺少细节"3个并列问题为分论点，具体阐释"要解释什么"的论点。第三部分从"不要生硬套用解释的模式（模型）、理论""历史的与逻辑的方法结合，避开某些误区""侧重历史叙事的方法"3个并列方面回答了历史解释的方法问题。此外，在"历史与逻辑相结合的方法"中，又特别强调了"以己推人、穿凿附会、以今非古""变成历史的辩护人、奴仆""事后诸葛亮（马后炮）、后见之明、逆断、反事实假设"等应该避免的若干并列问题。

实例8-14：本论范本4

黏油空化流动研究现状与展望[①]

引言（略）

一、黏度、表面张力和空气含量的影响

1.黏度和表面张力对空泡生长和溃灭的影响

2.空气含量对空泡生长和溃灭的影响

3.黏油的空化特性

二、离心泵黏油空化特性的CFD研究

三、讨论

1.黏油空化流动的试验研究

---

①李文广：《黏油空化流动研究现状与展望》，《排灌机械工程学报》2015年第33卷第1期，第1—9页。

2. 空化计算模型

3. 其他空化机理模型

四、结论

简析：

该文写作的总体框架是递进式论证方式，而在单一问题的论述中，又采用并列式的论证方式。首先，宏观论述了黏度、表面张力和空气含量等 3 个重要参数对空泡生长和溃灭的影响；其次，采用 CFD 方法对离心泵输送黏油时的空化特性进行详细的数值计算；然后对数值计算结果进行详细讨论；最后，形成结论。这一写作方式显然是递进式写作模式。但在分析黏度、表面张力和空气 3 个重要参数对空泡生长和溃灭的影响时，均是逐一进行参数分析，采用的是并列式写作模式。

综上可见，"递进＋并列"式论述模式在理工科论文中比较常见。

（3）结论。结论是对全文的总结性陈述，俗称"盖棺定论"，是对论文的核心观点或创新突破点进行再次强调，其主要任务是得出"是什么（what）"的论断。结论的表述要注意以下问题：第一，准确无误，切忌含糊其辞；第二，前后呼应，切忌前后矛盾；第三，评价中肯，切忌盲目夸大；第四，抓住实质，切忌喧宾夺主。同时，结论也要避免虎头蛇尾和画蛇添足两种不良倾向。当然，并非所有的论文都要有一段"结论"，这要综合考虑论文内容、论证方式甚至作者的写作习惯等因素而定。一般说来，以递进式论证为主层次的论文，往往需要专门的"结论"呈现，正如剥毛笋一般，将表面的壳一层层剥去，最后剥到最本质的可食用的部分，对于论文来说，最本质的就是结论和观点。而以并列式论证为主层次的论文，因为是从"全"的方面揭示总观点，每一个并列式论题均为得出一个支撑总观点的分论点，当最后一个分论点呈现出来后，总论点也就自然而然地得到了印证。

有些期刊也会对结论的写法提出一些基本原则和要求，如《机械工程学报》就如此要求："结论是整篇论文最终的、总体的总结，要完整、准确、简洁地指出：由对研究现象进行考察或试验得到的结果所揭示的原理及其普遍性；研究中有无发现例外或本论文尚难以解释和解决的问题；与先前已经发表过的（包括他人或者著者自己）研究工作的异同；本论文在理论上与实用上的意义与价值；对进一步研究本课题的建议。"

实例 8-15：结论范本 1

"冰冻三尺，非一日之寒。"就师生双方而言，历史语言在很大程度上体现了个体的素养。这种素养的养成需要严格而规范的训练，需要不断的积累和深厚的沉淀，积累的是知识、习惯和方法，沉淀的是文化、修养和品质，中学历史教师应积极主动地引导学生从点滴做起，以史言史，营造良好的历史语言环境。[①]

简析：

该结论十分简洁，却对全文起到了强调作用。该论文首先分析了中学生历史缺失的基本类型，从学生、教师和社会文化环境 3 个方面深刻剖析了中学生历史语言缺失的主要原因。其次，从"规范教师的教学语言"（具体又有"历史教学语言应以规范性体现示范性""历史教学语言应体现艺术性与可读性"）和"掌握科学的学习方法"（具体又有"引导学生科学使用教材""引导学生在理解的基础上记忆""引导学生在鉴别中去芜存菁""引导学生在积累中改正错误""引导学生在审视中培养历史意识"）等方面探索实践了对中学生加强历史语言训练的有效策略。最后，言简意赅地进行强调性总结：一是历史语言在很大程度上

---

①阮巧玲：《中学生历史语言的训练策略》，《教学月刊（中学版）》2010年第2期，第46—49页。

体现了师生的个体素养（重要性）；二是这种素养的养成需要严格而规范的训练；三是需要营造良好的历史语言环境。

实例 8-16：结论范本 2

（1）小型植保无人直升机旋翼上方的空气在旋翼作用下收缩下降，下洗流场中气流主要集中分布在旋翼正下方，在机腹位置存在明显的气流流速减缓现象。下洗流场的主要运动形式为垂直向下运动，同时伴随着周向旋转运动和径向收缩运动。

（2）下洗流场在距离地面 1 米左右时受到地面的阻挡开始出现无规律流线，同时在地面的影响下气流在小型植保无人直升机左右两侧形成对称分布的旋涡。

（3）旋翼下方诱导速度场关于旋转轴对称分布，距离旋转轴越近，速度梯度和速度数值越小。

（4）在旋翼 08R 位置下方，下洗流场速度最大，随着高度的下降，最大速度逐渐减小，水平方向速度分布逐渐趋于平缓；在旋翼转轴下方，机腹位置的下洗流场速度最小，随着高度的下降，下洗流场不断发展，下洗流场速度逐渐变大。[①]

简析：

这是比较典型的工科论文的结论写作方法。全文基于翔实的实验数据，将研究结果清晰地呈现在编辑和读者面前，条理十分清晰，采用先重后轻策略，依次展示各个结论。

---

①石强：《小型无人直升机超低空飞行时下洗流场数值分析》，《排灌机械工程学报》2015年第33卷第6期，第521—525页。

第三节　论文的写作、修改与提升

　　造房子绝不是原材料的简单堆砌，而是需要精心选址、精心设计、精心选材、精心施工及精心装修。写论文和造房子之间具有异曲同工之妙。论文的选题就同房子的选址，论文的构思就同房子的设计，论文材料的收集就同房子的选材，论文的写作就同房子的施工，论文的修改就同房子的装修，一环紧扣一环，每一环节都必须认真对待，用心用情。关于论文的选题，材料的收集、整理与应用问题，前文已做详细阐述，此处着重就论文的构思、写作与修改等环节进行具体介绍。

一、厘清写作思路——精心构思

　　论文的构思，即谋篇布局。写论文与做课题一样，首先要求思路清晰。当论文选题或写作方向基本确定之后，紧接着的重点问题就是列清写作提纲，也就是理清写作思路，这就是谋篇布局。谋篇布局时的修改和调整，甚至比文章完成以后的修改和调整更为重要，因为谋篇布局工作具有方向性、引领性作用。如果说论文题目是总观点，那么提纲就是分观点（或论点）。总观点明确后，就必须认真思考和谋划从哪些方面入手，开展全面而深入的论证，有力佐证和支撑总观点。提纲清晰之后，如何组织和运用已有材料，如何进一步收集补充材料的路径也会更加清晰。不会理思路、列提纲，就意味着不会写论文，再多的想法也无济于事，最后只能是"脚踩西瓜皮，滑到哪里算哪里"，不可能取得实质性成果。

二、准确把握研究方法——精心取材

关于论文与课题报告写作过程中拟采用的研究方法，从内涵到操作流程都必须科学而准确地把握和领会，熟练而恰当地加以应用。比如，A和B两人都采用调查研究方法，但由于各自的具体做法不同，最后取得的数据就会有差异，甚至完全相反。调研单位、调研内容、调研对象、调研方式等调研工作内容及环节，事先是否经过周密安排；调研者是采用公开身份的方式，还是采用明察暗访的方式；即使都采用问卷方法，具体是采用打勾打叉画圈的方式还是亲笔书写评价语言的方式等，都会对调研工作产生不同的影响。

实例8-17：胡耀邦与调查研究

……

晚饭前，耀邦同志把我叫去："家宝，给你一个任务，等一会带上几个同志到城外的村子里走走，做些调查研究。记住，不要和地方打招呼。"

到中央办公厅工作之前，我就听说耀邦同志下乡时，经常临时改变行程，与群众直接交流，了解基层真实情况。用他常说的话就是，"看看你们没有准备的地方"。所以，当耀邦同志给我布置这个任务时，我心里明白：他是想尽可能地多了解基层的真实情况。

……

晚上十点多，我们赶回招待所。我走进耀邦同志的房间，只见他正坐在一把竹椅上等我。我向他一五一十地汇报了走访农户时了解到的有关情况。耀邦同志认真地听着，还不时问上几句。他对我说，领导干部一定要亲自下基层调查研究，体察群众疾苦，倾听群众呼声，掌握第一手材料。对担负领导工作的人来说，最大的危险就是脱离实际。多年来，耀邦同志的这几句语重心长的话经常在我耳旁回响……

2月19日下午,耀邦同志根据自己13天沿途调查的思考并结合有关汇报,在干部大会上做了即席讲话。他特别强调,中央和省级领导干部要经常到群众中去,到基层去,进行调查研究,考察访问,加强上级与下级、领导机关同广大人民群众之间的联系。这样,不仅可以形成一种好的风气,产生巨大的精神力量,更重要的是有助于实现正确的领导,减少领导工作的失误,提高干部的素质,促进干部特别是年轻干部健康成长。

……

1985年10月,我调到中央办公厅工作后,曾在耀邦同志身边工作近2年。我亲身感受着耀邦同志密切联系群众、关心群众疾苦的优良作风和大公无私、光明磊落的高尚品德,目睹他为了党的事业和人民的利益,夜以继日地全身心投入工作中的忘我情景。当年他的谆谆教诲我铭记在心,他的言传身教使我不敢稍有懈怠。他的行事风格对我后来的工作、学习和生活都带来很大的影响。[①]

简析:

温家宝总理对胡耀邦同志的这篇回忆文章,实际上反映了很长时期以来很多领导人开展调查研究工作时所面临的尴尬局面。事先安排得越周密,领导越是听不到真话、看不到实情,这正是调研工作被安排的必然结果。正因为如此,胡耀邦同志会"经常临时改变行程"去看看"没有准备的地方",只有这样,才能"尽可能地多了解基层的真实情况"。胡耀邦同志为真实的调研树立了正确的导向和榜样,在包括调查研究在内的科研工作中,必须大力提倡和弘扬这种求真务实的学风,从而促进

---

①温家宝:《再回兴义忆耀邦》,《人民日报》,2010年4月15日。

科研工作的健康、可持续发展。

再来看教育实验问题。既然是实验，就须对实验方法非常清楚：第一，该问题究竟能否进行实验；第二，该实验是否涉嫌违背伦理原则；第三，该实验的实验因子是什么，实验过程如何操作，包括实验组与对照组如何设置、具体实验环节如何得到科学而严格的把控，等等。如果事先都不清楚这些基本问题，或控制不了实验过程，那么这个实验肯定会出问题。比如，在实验因子之外，其他做法都须与对照组完全一样。如果在实验组又加入其他因子，实验结果就必然发生变化，也必然会引起质疑：到底是实验因子还是其他因子所起的作用，导致实验组与对照组的结果有差异？再如，在实验过程中，对照组也试着运用实验因子进行实验，从而导致结果无差异性，由此得出实验失败的结论也很显然是不合理的。

实验的重要特征是可检测、可重复，同时要以不伤害被实验者的身心健康为重要前提。如笔者曾对实验报告《关于语言感染力与课堂教学效果关系的实验研究》提出质疑。一方面，语言的感染力很难进行定量检测，只能凭听者的主观判断，因为关于语言的感染力，各人的理解不一，无法用一种科学手段加以检测；另一方面，从报告中又发现，"实验者"犯了一个致命错误：在 A 班上课时，使用充满激情的语言，结果学生的学习兴趣大增，课堂教学效果也因之得到极大提高；在 B 班上课时，则用冷冰冰的语言，结果学生昏昏欲睡，最后导致课堂教学效果大大下降。不难发现，这是一个伪实验，所谓的实验报告完全是"编"出来的。更何况，在课堂上怎么可能使用冷冰冰的语言呢？说得严重一些，这是违背师德的行为，不符合实验应遵循的伦理原则。再比如，关于学生近视眼问题也是不能做实验的，把一部分学生放在光线充足的教室里，另一部分学生放到光线阴暗的教室里，这样的所谓"实验"，显然是以伤害学生的身心健康为前提的，明知不可为而为之，这也是科学伦理所不允许的。

三、把握细节——精心创作

论文写作过程中，要认真关注和把握每个细节。首先，要把好语言关。语言要力求准确、简洁、朴实和生动。"准确"是指在行文时，对事实的陈述要真实可靠，数字要准确无误，议论要分寸得体，不能任意拔高或恶意贬低。"简洁"是指行文时要开门见山，不拐弯抹角。对事实的叙述要学会提炼，不宜做过多的描绘；对观点的阐释不要做烦琐的论证。"朴实"是指在行文过程中，不要随便运用夸张手法和奇特比喻，不过多使用华丽的辞藻。"生动"是指行文要活泼、形象，切忌使用晦涩难懂的语言，要恰当地将学术性与可读性完美地结合起来。其次，文风要端正。写论文与创作文学作品不一样，文风一定要端正，其主要任务是把问题说得清楚明白，比如经验型的论文就是要把经验提炼到位，让别人能够借鉴、应用和推广。论文的文笔固然重要，但千万不要使用华而不实、哗众取宠的词句，比如不宜使用长句，长达四五十个字的句子，往往会让评委、编辑和读者一口气"憋死"，这是十分令人反感的。因此，作者要学会拆分句子，也要学会合并句子。最后，要学会用数据说话。在论文中，不要过多地使用形容词、副词等修饰性强而又不确定的词。比如，"经过某某改革与实践，学生的认识水平、实践能力等得到了大大的提高"，其中"大大的提高"是"放之四海而皆准"的表达方式，但读者却不知道究竟大到什么程度，这就需要学会用材料和数据说话，即把定量分析与定性分析两种方法有机地结合起来，让定性结论呈现得自然而然，让读者对结论既有感性认识，又有理性认识。

实例 8-18：打造促进区域发展和人才培养双高地

……

一是服务区域高质量发展显担当。博士工作站在创新成果与产业对接、科研项目与现实生产力对接方面走出一条全新的路子。77 家博士工作站带领的教师团队和学生团队，通过进驻企业，与企业技术人员开展联合攻关、应用化运作等活动，将"科研成果留在车间里"，将"沉睡的实验室成果"转化为"活跃的生产线成果"。3 年来，博士工作站共解决企业技术难题 470 余项，达成合作项目 220 余项，帮助企业获得各级各类项目、开发新产品、申请发明专利等成果 110 多项，校企合作成果在 2019 年度浙江省科技进步奖评比中实现重大突破……

二是提升应用型人才培养质量是根本。博士工作站在服务区域经济社会高质量发展的同时，为应用型人才培养提供了丰富的社会资源，全校师均横向科研经费逐年攀升，2018 年、2019 年分别较 2017 年增长 2.4 倍、5.1 倍。

学校始终以提升应用型人才培养质量为根本，因而为博士工作站申请设置了两个重要的前置条件：一是有明确的校企合作研发项目；二是至少有 8 名以上本科生参与其中。建站前，教师需与企业深度对接，发现与提炼科学问题；建设中，学生直接参与其中，问题直接来源于实践，成果直接应用于实践，教师将科研、教学、服务，学生将研究、学习、应用有机结合，从而搭建了科研资源直接转化为教学资源的"直通车"，构筑了应用型人才培养的高地。

……

其次，构建了"研教践一体"的"全过程"实践育人体系。依托博士工作站平台，学生全方位融入"技术准备—基本生产—辅助生产—生产服务"全过程，有效构建了研教融合、学研践一体的"全过程"实践育人体系。2017 年以来，660 多名相关专业学生进入各博士工作站，折合课时累计约 27 400 多课时，生均约 40 课时；320 多名学生参与 87 项团队教师的科研项目，为学校创业创新教育注入了源头活水。

最后，构建了多元化的师生评价体系……2017 年以来，参与博士工作站建设的学生，在省级以上各类学科竞赛中获奖 138 项；获各类大学生创新创业项目、论文、授权专利等成果 160 多项。同时，推动了优良学风建设，近 3 年毕业生就业率一直保持在 96% 以上，2019 届、2020 届考研上线率连续超过 20%。[①]

简析：

该文将定性和定量两种分析方式有机结合，一组组典型的数据给人以"一切尽在不言中"的感觉，不仅增强了论点呈现的直观性，而且突出了论点的说服力。如"服务区域高质量发展显担当"部分提到，将"科研成果留在车间里"，将"沉睡的实验室成果"转化为"活跃的生产线成果"。紧接着，文章用"解决企业技术难题 470 余项，达成合作项目 220 余项，帮助企业获得各级各类项目、开发新产品、申请发明专利等成果 110 多项"等一组数据予以印证。再如，在"提升应用型人才培养质量是根本"部分提到的"为应用型人才培养提供了丰富的社会资源"，则以"全校师生人均横向科研经费逐年攀升，2018 年、2019 年分别较 2017 年增长 2.4 倍、5.1 倍"为支撑；以"2017 年以来，660 多名相关专业学生进入各博士工作站，折合课时累计约 27 400 多课时，学生人均约 40 课时；320 多名学生参与 87 项团队教师的科研项目"等数据，得出"为学校创业创新教育注入了源头活水"的结论。基于数据得到结论令人觉得十分自然而值得信服。

---

①吴锡标、邓小雷：《打造促进区域发展和人才培养双高地》，《中国教育报·高教周刊》，2020 年 8 月 3 日。

四、推敲升华——精心修改

论文初稿形成后，一定要沉下心来做进一步的深入思考，为论文的修改完善和定稿奠定良好基础。论文的修改完善需要反复推敲，从而不断得到提炼升华。

在论文修改过程中，要着重关注以下几方面：再度审视论文选题，认真思考题目表达是否恰当，切入点是否适合，与论文主题内容是否相符；题目是否富有新意、富有感染力和吸引力；材料（包括数据、案例等）是否充足、真实、典型；论证是否透彻，广度、深度是否得到充分体现、逻辑关系是否一致，是否存在自相矛盾的现象；格式规范与否，各部分之间的轻重比例是否协调；等等。

1. 材料的进一步充实

重点是对材料（数据、案例）进行补充与考订。第一，要准确判断已有材料是否足够支撑论文的观点；第二，要准确判断已有材料与观点之间、材料与材料之间是否存在矛盾；第三，要对已有材料的真实性、典型性等问题做出科学判断。已有材料不足的话，就要想方设法加以补充完善；材料之间、材料与观点之间存在矛盾的话，就要进一步甄别、筛选，充分保证论点与论据、论据与论据之间的协调统一。假若材料真实性存疑，就要谨慎、谨慎再谨慎，要对材料进行严格考订、认真修正，做到去伪存真，千万不能因为材料的非真实性、非典型性而影响结论的真实性、可靠性和说服力。

2. 观点的进一步提炼

观点的精准提炼和表达是论文修改过程中的重中之重。要把材料（数据、案例）所蕴含的实质性问题、材料（数据、案例）之间的内在关系充分地加以揭示，透过现象看本质，将本质性的问题凝练成为具有创新性的学术观点，或具有建设性、借鉴性、决策参考价值的对策建议。

3.语言的进一步锤炼

如前所述，撰写论文时务必使用学术语言，语言表达力求准确、简洁、朴实和生动。其中，"准确"是最基本的要求，包括对材料的应用、事实的陈述、数据的分析等，必须做到准确无误。"简洁"是指语言表达要简练、精到，切不可拖泥带水，千万不要把简单的问题复杂化。"朴实"要求的是文风平实，客观、从容地把观点、原理和经验等要旨揭示出来，千万不可夸大其词、故弄玄虚。"生动"是指要做到深入浅出，尽量增强论文的可读性和感染力。司马迁的《史记》、翦伯赞的《内蒙访古》在这方面为我们树立了典范。

4.细节的进一步完善

人们经常说，细节往往决定成败，论文写作尤其如此，要从大处着眼、小处用心，要牢固树立"文章无小事"的意识，要根据研究成果的具体去向，不断完善细节。比如，在使用标点符号时，就有很多细节需要关注，这就需要了解和掌握最新的标点符号使用规范。

例示8-19：标点符号的使用例析

在序号"（一）""（1）"之后不能加"、"，不能用成"（一）、""（1）、"。

连续若干个书名号之间不能用顿号、逗号等标点符号连接，如"《三国演义》《水浒传》《西游记》《红楼梦》等四大名著"，不能用成"《三国演义》、《水浒传》、《西游记》、《红楼梦》等四大名著"。

如果征稿方对文稿格式有统一要求，就要严格从其规定。如果征稿方对文稿格式未做统一要求，就应注意以下细节：第一，字体、字号、行间距、页边距等问题都要讲究，如同级标题的字号、字体必须统一。第二，语言文字的使用务必规范，不要使用生僻字，慎用网络语言，不生造"标新立异""哗众取宠"及令人费解的概念，等等。第三，符号、图、表、框图的使用均要规范，要符合刊物的相关要求。

在此，以《机械工程学报》和《光学精密工程》的征稿要求为例，就符号、图表等使用规范进行简单说明，以期达到举一反三的效果。

实例 8-20：文稿格式要求

1. 符号的使用规范与例示

《机械工程学报》杂志对"符号"的使用规范做了以下具体、明确的规定。

尽量用公式编辑器，物理量符号的选用按国标要求，外文字母的正斜体使用原则如下。

斜体：物理量符号（质量 m，力 F；pH、硬度符号 HB 除外）、物理常数及特征数（雷诺数 Re）、数学中的变量符号［$Oxyz$ 坐标、函数 $f(x)$］。如 $\omega_P = \dfrac{3\pi(1-\upsilon^2)q_0 R_P^5}{3(1-\upsilon^2)Eb_X h_X^3 + 16\pi ER_P h_P^3}$。

黑斜体：矢量、张量、矩阵。如：矢量 $\boldsymbol{a}$、张量 $\boldsymbol{T}$、矩阵 $\boldsymbol{A} =$（a1 a2 a3）。

正体：计量单位、化学、某些数学符号［sin、tan、ln、d（微分）、Σ、log、exp、min、max］等。

作为下标的某些表示特定含义的字母，也用正体表示（例如最大电流 $I_{\max}$、电动机转速 n_e）等。

另外，可用下标进一步说明和区别物理量符号的含义，例如可用英文单词头个字母 a（轴向）、r（径向）及坐标轴 x 和 y 等作为力符号 F 的下标，则构成轴向力 F_a、径向力 F_r 及坐标 x，y 向的 F_x 和 F_y 的物理量符号。其中，a，r 是名词或定语的头个字母，因此是正体字母，而 x，y 是坐标变量符号，所以是斜体字母。

2.图、表格的使用规范与例示

《光学精密工程》杂志对"表"的使用规范有以下具体而明确的规定：

表的编排，一般是内容和测试项目由左至右横读、数据依序竖排。表应有自明性。

表应结合全文编排序号。

每一个表格应有简短确切的表题，连同表号置于表上。必要时，应将表中的符号、标记、代码，以及需要说明的事项，以最简练的文字横排于表下，作为表注。针对表内附注的序号，宜用小号阿拉伯数字并加圆括号置于被标注对象的右上角，如(1)，不宜用星号"★"，以免与数学上共轭等符号相混。

表的各栏均应标注量或测试项目、标准规定符号、单位。只有在无必要标注的情况下才可省略。表中的缩略词和符号，必须与正文中一致。

表内同一栏的数字必须上下对齐。表内不宜用"同上""同左"和类似词，一律填入具体数字或文字，表内"空白"代表未测或无此项，"—"或"…"（"—"可能与代表阴性反应相混）代表未发现，"0"代表实测结果为零。

如数据已绘成曲线图，可不再列表。

（1）流程图。

流程图务必采用 Word 自带的文本框组合而成。流程图的框线和箭头线都是 0.5 磅，箭头用燕尾箭头；布局合理；字母正斜体必须与正文保持一致。如图 1 所示。

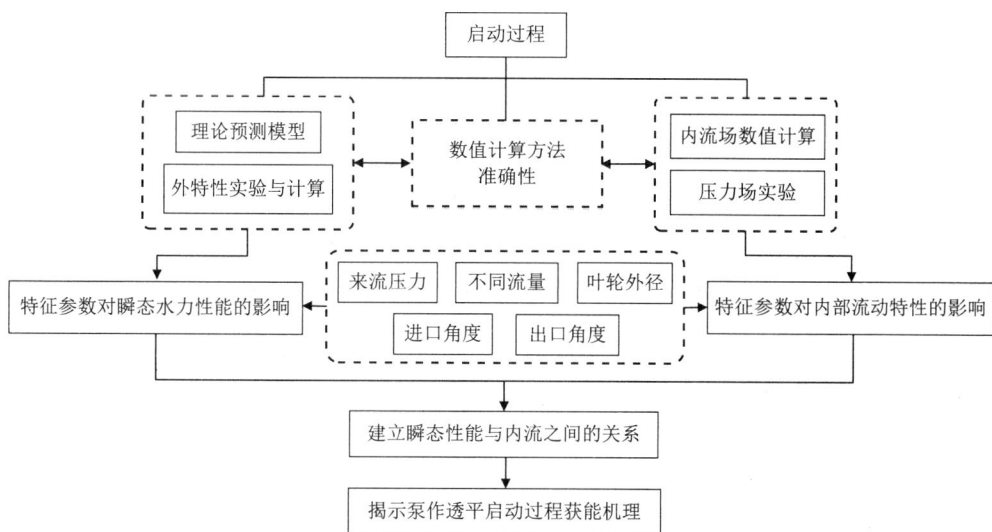

图 1　数值计算方法准确性

（2）表。

宜采用三线表（可加辅助线），表中的物理量要有量名称、单位［如速度／（km/h）］。如表 1 所示。

表 1　叶轮的主要几何参数[①]

进口直径 D_1/(mm)	出口直径 D_2/(mm)	出口宽度 b_2/(mm)	出口角 β_2/(°)	叶片包角 φ/(°)
230	450	64	40	125

图和表格的排放位置：放在正文中提到处的一段文字后面，不要插在段落之中。

①张玉良、李昳、崔宝玲等：《两相流离心泵水力输送性能计算分析》，《机械工程学报》2012年第48卷第14期，第169—176页。

3. 基金项目的标注规范与例示

属于基金项目（课题）产生的各类研究成果须以恰当方式对基金情况予以标注。

一方面，基金项目（课题）管理部门对此有明确要求，这也是财政、审计等部门对项目管理部门进行绩效考评的重要依据。研究成果虽已正式发表或出版，或被领导批示肯定，或在重要奖项评比中获奖，但如果未按要求对基金项目予以标注，就会给项目的结题造成不必要的麻烦。现在，课题管理越来越严格，很多管理部门明确要求，一项成果原则上只能标注同级别的一个资助项目，即"唯一性"，这就要求研究者事先主动了解和掌握课题管理办法，要明白相关课题管理办法、申报通知和项目合同（协议）书等，都是具有约束性的文件，研究者必须树立和遵守契约精神。

基金标注规范，结题就会非常顺利。如，《浙江省教育科学规划课题管理办法》明确规定，若研究成果中有1篇以上论文在省级以上刊物公开发表且标注"浙江省教育科学规划课题成果"字样，申请课题结题时就可以免于鉴定。

另一方面，基金项目（课题）研究成果相对于其他成果而言容易被期刊采纳发表。尤其是一些高校学报，倾向于发表省级以上基金项目资助的研究成果。有些成果还会被项目主管部门编入领导参阅类的内参，如浙江省科技厅编报的《软科学通讯》、浙江省社会科学界联合会、浙江省哲学社会科学工作办公室编报的《浙江社科要报》，这些成果很容易引起省级领导的关注。

至于基金项目成果的标注方法，各期刊的要求也不尽相同，有的期刊将基金项目与摘要、关键词、作者单位等内容，一起置于论文前面；有的期刊将基金项目置于论文首页下端作为脚注；有的期刊将基金项目置于文末。

基金项目标注的具体内容也因期刊而异，但核心的两项内容缺一不可，一是项目（课题）名称或种类，如国家自然科学基金项目（面上、青年）、浙江省哲学社会科学规划（重大、重点、一般）课题；二是项目（课题）编号或批准号。具体的项目（课题）题目是否需要标明，要根据所投期刊的具体要求而定，没有统一规定。

例示1：

本文系国家社会科学基金项目"新型城镇化中失地老人产出性参与的社会支持网络研究"（课题编号：15BSH126）的阶段性成果。

例示2：

基金项目：教育部人文社会科学研究规划基金项目（12YJA770042）。

第四节　参考文献的作用与应用规范

科研工作绝不是平地盖高楼，任何研究都是基于已有基础的创新，具有很强的继承性和借鉴性。除了"从头说""重复说"两种说法之外，一部专著、一篇论文、一份调研（实验）报告，都离不开已有理论成果和实践材料的支撑。因此，注释与参考文献是科研成果不可或缺的重要部分，否则，这项成果也就成为无本之木、无源之水。在写注释与参考文献时，关键要做到引而有据、引而有注、引而有度、引而有范。

一、参考文献的作用

参考文献在课题申报书、课题报告和论文中绝对不是可有可无的内容，而是必不可少的重要组成部分。参考文献至少有以下 3 方面的重要作用。

第一，体现了研究者的学识积累，尤其是对相关研究及成果的了解与掌握程度。一方面，可以从中判断研究者所关注成果的学术价值及其在该领域的地位等，有些文献和成果是从事某项研究无论如何也绕不过去的，结果在其成果中却看不到相关文献的任何信息，别人就完全有理由认为该研究者没有进行深入研究。比如，要写一篇关于评价秦始皇的论文，司马迁的《史记·秦始皇本纪》即是很重要的基础性文献。另一方面，可以从中判断研究者是否关注学科动态，是否取得该领域最新的相关研究成果。如果研究的是社会热点问题，在其成果中却看不到任何最新的文献信息，说明研究者没有立足于学科发展前沿进行研究。

第二，是对相关文献作者的尊重，体现了研究者的学术诚信，这是学术规范的基本要求。任何研究都是在前人研究基础之上进行不断深化和提升的，必要的引用是必须的，如从事历史研究、考古研究就需要大量引用史料。有位 CSSCI 刊物的历史编辑曾说，一篇历史研究论文如果没有 15 条以上参考文献的话，就直接将其给毙了，因为是"研究"历史，而不是"编"历史、"造"历史。引用了他人的成果，就要给编辑、评委和读者以明确交代，明示这些不是自己写的，而是引用的，即要以规范的形式标注清楚，这就是参考文献，这是学术规范的基本要求。引且准确标注，就是引用，从中也反映出作者的规范意识、治学态度和治学精神；引但不标注清楚，令人搞不清楚到底是谁的，这就涉嫌抄袭或者剽窃。

第三，为其他研究者提供相关的学术信息。任何研究成果都需要借鉴，借鉴的成果会在参考文献与注释中得以体现。这样，其他研究者就可以从该成果所列的参考文献与注释中发现相关的研究成果。这对其他研究者而言也是一种贡献，为其进行文献综述、开展相关研究提供了极大的便利。

二、参考文献选择的重要依据

参考文献的选择和运用，切不可轻视，必须谨慎对待，主要是突出 3 个"性"，即权威性、前沿性、关联性。国家社会科学基金项目申请书要求参考文献限填 10 种，这就需要申请者在众多的参考文献中进行精挑细选。第一，要选择具有代表性且经典的文献，千万不能选择没有学术分量的文献，这就是权威性原则。第二，要选择能够及时反映学科发展动态的前沿性成果，如果课题申请截止时间是 5 月底，4 月份出版的一本该领域权威性著作都能出现在申报书的参考文献之列，那就足以说明该研究者始终关注学术动态，站在学科发展前沿。第三，要选择具有关联性的文献，即选择的参考文献必须与课题和论文紧密相关，对该研究具有重要的支撑作用，切忌随意拼凑。

三、参考文献应用实例

1. 参考文献的标注方法

目前，国内大部分期刊的参考文献标注已与国际标准接轨，但因为中文的特殊性，有些学科的参考文献很难与国际标准接轨，比如中国古代历史文献的参考文献标注方法就具有特殊性。

参考文献应用得规范、准确，不仅是学术规范的要求，也是对原文献作者、编辑和读者的尊重，切不可等闲视之。那么，论文和课题报告的参考文献究竟采用何种方法呈现为妥？笔者认为，最简便的做法就是根据作者的目标投稿期刊或课题主管部门的格式要求。但不管运用何种方法，以下问题必须搞清楚。

第一，参考文献的基本要素必须齐全，即文献的创作者、文献名称、发表期刊（出版单位、采用部门、颁奖单位、学位授予单位等）、文献公开时间。引自期刊论文中的内容，很多期刊不要求在参考文献中标注页码，但引自专著中的内容，应该在参考文献中将页码标注清楚。

第二，要弄清注释与参考文献的区别与联系。对此，国家新闻出版总署对引文、注释和参考文献等概念的内涵与基本要求都做了明确要求：

（1）引文是引自他人作品或文献资料的语句，对学术著作的观点起支持作用。引文要以必要为原则，凡引用的资料都应真实、详细、完整地注明出处。

（2）注释对作品中某些特定的内容、术语等起到必要的补充、解释或说明作用，注释应力求客观、准确、翔实。

（3）参考文献是为撰写或编辑著作而引用的有关文献信息资源，是学术研究依据的重要体现，对研究内容起到支持、强调和补充的作用。参考文献应力求系统、完整、准确、真实。[①]

第三，注释与参考文献的标注位置因期刊的不同而不同，主要有以下3种方式：

第一种是夹注，即把注释与参考文献直接标注在引文之后，中华书局主办的《文史知识》杂志就采用这种方法。

实例8-21：夹 注

"休室轩而豁，当年志若何？万方归覆冒，一意愿安和。触景怀承器，瞻题仰偃波。九年遗泽在，四海尚讴歌"（乾隆九年御题《圆明园四十景——万方安和》，《御制诗初集》卷二二）。[②]

第二种是脚注，即把注释与参考文献标注在每页正文的下方。

第三种是尾注，也叫文末注，即把所有注释和参考文献统一置于文末予以集中标注。目前使用最多的是脚注和尾注（文末注）两种。

2. 文献类型及标识代码

（1）专著——［M］。

（2）论文集（会议论文集）——［C］；论文集（会议论文集）文章——［A］。

（3）报纸文章——［N］。

---

①新闻出版总署：《关于进一步加强学术著作出版规范的通知》，2012年9月4日。

②张凤梧：《样式雷图档里的圆明园》，《文史知识》2019年第12期，第21—31页。

（4）期刊文章——［J］。

（5）学位论文——［D］。

（6）研究报告——［R］。

（7）标准——［S］。

（8）专利——［P］。

（9）网络文章——［EB/OL］。

（10）汇编——［G］。

（11）参考工具——［K］。

3. 注释与参考文献应用实例

（1）专著——［编号］作者. 书名［M］. 出版地：出版者，出版年.

例示1：

［1］钱民辉. 教育社会学——现代性的思考与建构［M］. 北京：北京大学出版社，2004.

例示2：

［2］马克思.1844年经济学哲学手稿［M］. 北京：人民教育出版社，1979.

（2）译者——［编号］作者. 书名［M］. 译者. 出版地：出版者，出版年.

例示3：

［3］埃比尼泽·霍华德. 明日的田园城市［M］. 金经元，译. 北京：商务印书馆，2000.

（3）论文集——［编号］作者. 论文集名称［C］. 出版地：出版者，出版年.

例示 4：

［4］徐公喜.世纪之交的朱子学（下）［C］.南昌：江西人民出版社，2019.

（4）文集论文——［编号］论文作者.论文题目［C］//文集作（编）者.文集名称.出版地：出版者，出版年.

例示 5：

［5］王一胜.“行担经济”与近千年金衢地区的市场变迁［C］//包伟民.浙江区域史研究.杭州：杭州出版社，2003.

（5）会议论文——［编号］作者姓名.题名［C］.会议名称，出版地：出版者，出版年：起止页码.

例示 6：

［6］WEI Z Z, ZHANG G J, LI X. The application of machine vision in inspecting position-control accuracy of motor control systems［C］. Proceedings of the Fifth International Conference on Electrical Machines and Systems, Shenyang, P.R. China: ICEMS, 2001: 1211-1219.

（6）期刊论文——［编号］作者.论文题目［J］.期刊名称,年,卷（期）:起止页码.（说明：起止页码是否需要标注，视目标期刊具体情况而定。）

例示 7：

［7］苏力.昔日的“琼花”，今日的“秋菊”——关于芭蕾舞剧《红色娘子军》产权争议的一个法理分析［J］.学术月刊，2018（7）.

例示 8：

［8］于靖军，宗光华，毕树生.全柔性机构与 MEMS［J］.光学精密工程，2001, 9（1）：1-5.

（7）报纸文章——［编号］作者.文章题目［N］.报纸名称，出版年月日（版次）.

例示9：

［9］吴锡标.《衢州文献集成》的特色［N］.中国社会科学报，2015-12-22（8）.

（8）学位论文——［编号］作者.论文题目［D］.所在地：答辩单位，发布时间.

例示10：

［10］李扬.中国服务贸易国际竞争力研究——基于与印度的比较分析［D］.上海：同济大学，2008.

（9）报告——［编号］作者.报告题目［R］.所在地：发布单位，发布时间.

例示11：

［11］白秀水，刘敢，任保平.西安金融、人才、技术三大要素市场培育与发展研究［R］.西安：陕西师范大学西北经济发展研究中心，1998.

（10）专利文献——［编号］专利权人或发明（设计）者.专利名称：专利国别，专利号［P］.公告（公开）日期.

例示12：

［12］巨化集团技术中心（刘国清，郦聪，李建）.一种全氟聚醚烷氧基硅烷化合物及其合成方法：中国，CN 106432686 B［P］.2018-12-04.

（11）标准（规范）——［编号］标准（规范）编制部门.标准（规范）号标准（规范）名称［S］.出版地：出版者，出版年.

例示13：

［13］中华人民共和国国家质量监督检验检疫总局，中国国家标准化管理委员会.GB/T 14663—2007 塑封模技术条件［S］.北京：中国标

准出版社，2007.

（12）网络文章——［编号］作者．论文题目［EB/OL］．网名，获取路径．

例示 14：

［14］董耀会．山西长城文化遗产及长城旅游发展［EB/OL］．光明网，https：//culture.gmw.cn/2020-08/17/content_34093975.htm.

在一篇论文中，对于多次引自同一文献中的引文，有些期刊会逐条加以标注，有些期刊则会采用合并方式。合并方式中，具体有以下做法：①对引自著作的引文，将引文内容所在的页码标于正文引文标注的文献序号之后，与序号一同使用上标方式，该文献序号根据首次出现的引文次序而定。②对引自同一著作的引文，按照引文出现的次序依次编制序号，在尾注中集中予以标注，页码必须与引文出现的次序严格对应。此外，中国古籍作品因没有页码，因而往往卷数代表页码。这就需要关注期刊，采用相应的标注方法。

例示 1：

［49］［50］［51］［52］熊十力：《读经示要》，载《熊十力全集》第三卷，湖北教育出版社 2011 年版，第 666，666—667，668，669 页。

例示 2：

"龙游，衢之要邑也，其民富饶喜商贾。"[26]65

例示 3：

"贾挟赀以出守为恒业，即秦、晋、滇、蜀，万里视若比舍，谚曰遍地龙游。"[22]（卷5风俗）

说明：本内容引自《万历龙游县志》。

那么，哪些问题在引用过程中值得特别注意呢？对此，贺卫方教授曾提出十条供学界借鉴的重要原则。第一条：学术引用应体现学术独立和学者尊严；第二条：引用必须尊重作者原意，不可断章取义；第三条：引注观点应尽可能追溯到相关论说的原创者；第四条：写作时应注意便于他人核对引文；第五条：应尽可能保持原貌，如有增删，必须加以明确标注；第六条：引用应以必要为限；第七条：引用已经发表或出版修订版的作品应以修订版为依据；第八条：引用未发表的作品时须征得作者或相关著作权人之同意，并不得使被引用作品的发表成为多余；第九条：引用应伴以明显的标志，以避免读者误会；第十条：引用须以注释形式标注真实出处，并提供与文献相关的准确信息。[①]

---

①贺卫方：《学术引用伦理十诫》（引者注：引者最早看到该文，记得题目是《学术引用的伦理规则》）［EB/OL］.https://www.sohu.com/a/327792529_523175。

第九章　教育科研论文的投稿与发表

　　无论是为了真正从事科学研究、推动创新发展和学科建设，还是仅仅为了申请项目（课题）、晋升职称、获得学位等目的，将研究成果以发表、出版等形式予以公开，得到学术界和社会各界的认同，都具有重要意义。要使论文顺利地得到公开发表，除了符合选题准、写作精、层次明、论述透等内涵要求之外，还需要做好其他一系列功课，正如陆游所说："汝果学作诗，功夫在诗外。"首先，在论文写作乃至选题之前，就要对自己的论文属于何种类型、适合投向哪类期刊等问题做出比较科学的定位。其次，要了解目标期刊的特色，包括办刊方向、期刊性质、栏目设置、主打品牌等。再次，要了解目标期刊在同类期刊中所处的学术地位和影响，如是否为 CSSCI 核心、CSCD 核心、北大中文核心期刊等，虽然这些未必能完全反映期刊水平，但作为一种评价指标，其参考价值却不容忽视。最后，要关注期刊的具体细节，如论文格式、注释与参考文献的具体标注方法、图表的应用规范及审稿流程、编辑出版原则等，以及与其他刊物有何异同。只有这样，论文创作才能做到有的放矢，投稿命中率、发表概率也会大大提高，因而达到事半功倍的效果。

第一节　重要教育科研期刊及特色 [①]

　　期刊的种类很多，分类方法也很多。从大的方面来说，可以分为自然科学类期刊和人文社会科学类期刊；从小的方面来说，可以分为学术类期刊、时政类期刊、政策类期刊、普及类期刊等。从学术角度来说，可分为综合类学术期刊（如《中国社会科学》《浙江社会科学》《探索与争鸣》等等）、单一学科类学术期刊（如《机械工程学报》《历史研究》《文学评论》等等）。因单一学科类学术期刊数量庞大，在此仅仅选择教育类核心期刊进行摘要介绍（选自"北大核心期刊要目总览"的教育类期刊）。

　　1.《教育研究》

　　中国教育科学研究院主办，国际标准刊号为 ISSN 1002–5731，国内统一刊号为 CN 11–1281/G4。

　　《教育研究》属于教育理论刊物，其主要刊登教育科学论文，评介教育科研成果，探讨教育教学规律，传播教育教学经验，宣传教育实验成就，开展教育学术讨论，报道教育研究动态；同时辟有专题研究、教育基本理论、德育、高等教育、教育经济与管理、课程与教学、基础教育、成人教育、职业教育、教师教育、教育心理、教育评价、教育史、国际视野、地方科研园地、学术动态等栏目。

---

　　①本部分根据《中文核心期刊要目总览（2017年版）》收录中的教育类核心期刊整理而成。

2.《开放教育研究》

上海远程教育集团、上海开放大学主办，国际标准刊号为 ISSN 1007-2179，国内统一刊号为 CN 31-1724/G4。

《开放教育研究》属于远程教育学术性刊物，传播开放教育与远程教育新思想、新理念、新技术和新方法；辟有开放视点、高阶访谈、本刊专稿、学术前沿、学习支持、发展战略、研究报告、技术支撑、终身教育、编余札记等栏目。

3.《北京大学教育评论》

北京大学主办，国际标准刊号为 ISSN 1671-9468，国内统一刊号为 CN 11-4848/G4。

《北京大学教育评论》属于教育理论刊物，其立足中国教育现实，着眼国际学术前沿，针对教育领域现状及问题发表研究和评论文章，为我国教育改革提供参考与借鉴；主要板块有专题研究、教育经济与管理、教育经济与社会、高校教师研究、教育理论研究、高等教育研究、著述评介、教育时论等。

4.《全球教育展望》

华东师范大学主办，国际标准刊号为 ISSN 1009-9670，国内统一刊号为 CN 31-1842/G4。

《全球教育展望》属于教育学术性刊物，其面向全球教育发展，体现中国教育特色，立足教育实践需要，提升教育理论品位，加强课程与教学理论建设，推进国际与比较教育发展；发表课程与教育理论研究成果和实证研究报告，设有课程与教学、国际与比较教育、教师教育、儿童研究、学科教育、教育政策与管理、教育神经科学、公民与道德教育、走进中小学、会议综述等栏目。

5.《现代教育技术》

清华大学主办，国际标准刊号为 ISSN 1009–8097，国内统一刊号为 CN 11–4525/N。

《现代教育技术》属于教育技术学术刊物，刊登有关教育技术与教育信息化的研究成果；主要栏目有年度专题、理论观点、教学研究、微课慕课翻转课堂、语言教学与技术、网络与开放教育、技术应用与开发、教育技术工作、创新实践教学、基础教育信息化、行业咨讯等。

6.《现代远距离教育》

黑龙江广播电视大学主办，国际标准刊号为 ISSN 1001–8700，国内统一刊号为 CN 23–1066/G4。

《现代远距离教育》属于广播电视教育专业理论刊物，主要宣传国家关于现代远程教育的方针政策，反映中国现代远程教育改革和发展进程，展示国内外远程开放教育理论与实践研究的最新成果；介绍国内外广播电视教育现状，交流办学经验，开展电大教育理论的研究和探讨；辟有理论研究、终身教育、课程建设、资源建设、教育信息、信息化教育论坛、视觉文化、教育技术、域外视点、队伍建设、社区教育等栏目。

7.《教育与经济》

华中师范大学，中国教育经济学研究会主办，国际标准刊号为 ISSN 1003–4870，国内统一刊号为 CN 42–1268/G4。

《教育与经济》属于教育经济学专业学术性期刊，用于反映国内外教育经济理论与现实问题的研究成果和动态，交流各地学校教育经费和筹措使用的先进经验。辟有教育经济学重大理论与现实问题研究、教育投入与产出、教育与就业、教育成本与效益问题研究、教育投资与教育财政问题研究、职业教育经济问题研究、流动人口子女教育问题研究、外国教育经济研究、研究生论坛等栏目。

8.《教育理论与实践》

山西省教育科学研究院、山西省教育学会主办，国际标准刊号为ISSN 1004-633X，国内统一刊号为 CN 14-1027/G4。

《教育理论与实践》属于教育理论刊物，旨在提供教育学术阵地，反映教育科研成果，传播教育科学信息，促进教育改革开放。上旬的主要栏目有教育基本理论、教育决策与管理、教师教育、德育、课程和教学论；中旬的主要栏目有中小学……下旬的主要栏目有高等教育、职业成人教育、思想政治教育、师资建设、高职和职成教教学研究等。

9.《现代教育管理》

辽宁教育研究院主办，国际标准刊号为 ISSN 1674-5485，国内统一刊号为 CN 21-1570/G4。

《现代教育管理》属于教育理论刊物，侧重研究高校教育改革与发展中的重大理论与实践问题，讨论相关热点和难点问题；主要栏目有专题、决策咨询、院校改革与发展、职业教育、民办教育、学生管理、研究生管理、比较教育、师资管理、教育政策、教学管理等。

10.《当代教育论坛》

湖南省教育科学研究院主办，国际标准刊号为 ISSN 1671-8305，国内统一刊号为 CN 43-1391/G4。

《当代教育论坛》属于教育理论刊物，侧重研究高校教育改革与发展中的重大理论与实践问题，讨论相关热点和难点问题；主要栏目有教育发展、教育评论、教育管理、课程与教学、名家随笔等。

11.《教育科学研究》

北京教育科学研究院、北京广播电视大学主办，国际标准刊号为ISSN 1009-718X，国内统一刊号为 CN 11-4573/D。

《教育科学研究》属于专业学术性刊物，用于发表教育理论研究、教育政策评析、教育热点专论、教育问题调查、教育改革实验与国外教育动态等方面的文章；设有特别关注、理论探索、决策参考、热点与冰点、调查与实验、课程与教学、德育与心理、三分钟教学等栏目。

12.《高等教育研究》

华中科技大学、中国高等教育学研究会高等教育专业指导委员会主办，国际标准刊号为 ISSN 1000-4203，国内统一刊号为 CN 42-1024/G4。

《高等教育研究》属于高教研究学术理论刊物，用于发表有关高等教育改革与发展的研究论文，以及具有普遍指导意义的调查报告和经验总结；辟有中国高教巡礼、教育基本理论、教育体制与结构、民办与职业高等教育、学位与研究生教育、教育与教育思想史、国际与比较高等教育、课程理论与教学改革等栏目。

13.《中国高教研究》

中国高等教育学会主办，国际标准刊号为 ISSN 1004-3667，国内统一刊号为 CN 11-2962/G4。

《中国高教研究》属于高等教育学术理论刊物，用于宣传贯彻党和国家的教育方针，研究高等教育改革与发展中的重大现实问题和理论问题，介绍高等教育研究领域的最新研究成果，发表学术论文和调研报告；主要栏目包括研究与探索、学位与研究生教育研究、比较教育研究、院校研究、深化教学改革 提高教育质量、教学·课程·方法、高等职业教育研究等。

14.《高等工程教育研究》

华中科技大学、中国工程院教育委员会、中国高等学会工程教育专业委员会、全国重点大学理工科教改协作组主办，国际标准刊号为 ISSN 1001-4233，国内统一刊号为 CN 42-1026/G4。

《高等工程教育研究》属于专业学术性期刊，用于反映我国高等教育，特别是高等工程教育的发展进程和研究成果；设有院士论坛、校长论坛、工程教育前沿、专题研究、研究生教育、高等教育管理、外国高等教育研究、学科与专业建设、高等职业教育研究、教学工作研究、学术动态等栏目。

15.《中国高等教育》

中国教育报刊社主办，国际标准刊号为 ISSN 1002-4417，国内统一刊号为 CN 11-1200/G4。

《中国高等教育》属于高等教育理论刊物，用于宣传中央和教育部关于高等教育的指导思想、方针政策及工作部署，反映高等教育发展和改革的理论与实践成果，报道各地、各高校改革和发展的新思想、新举措，关注高等教育教学改革和管理改革的前沿话题，交流各类高等学校思想政治教育、教学、科研和后勤管理工作经验，介绍先进单位和先进人物事迹。

16.《现代大学教育》

湖南省高等教育学会、中南大学主办，国际标准刊号为 ISSN 1671-1610，国内统一刊号为 CN 43-1358/G4。

《现代大学教育》属于高等教育专业学术性刊物，用于研究现代大学教育，探索高等教育规律，促进高等教育改革和发展；内容涵盖高等教育学、比较高等教育学、高等教育（思想）史、高等教育哲学、高等教育伦理学、高等教育教学论、高等教育课程论、高等教育经济学、高等教育管理理论与实践、高等教育评估理论与实践等多个领域。

17.《江苏高教》

江苏教育报刊总社主办，国际标准刊号为 ISSN 1003-8418，国内统一刊号为 CN 32-1048/G4。

《江苏高教》属于高等教育学术理论刊物，用于研究、探索高等教育改革和发展的理论与实践问题，刊登全国高等教育理论研究的论文与研究报告；设有理论探讨、高教管理、比较高等教育、德育天地、学生工作、大学生就业与创业、学位与研究生教育、师资队伍建设、高职教育、民办教育等栏目。

18.《高校教育管理》

江苏大学主办，国际标准刊号为 ISSN 1673–8381，国内统一刊号为 CN 32–1774/G4。

《高校教育管理》属于专业学术性刊物，主要刊登高校教育管理方面的学术论文；内容包括高校教育管理学理论、高等教育管理体制、高等教育法规与政策、高等教育财政、高等教育领导与能力、高校教学管理、高校学生管理、高校师资管理等。

19.《高教探索》

广东省高等教育学会主办，国际标准刊号为 ISSN 1673–9760，国内统一刊号为 CN 44–1109/G4。

《高教探索》属于高等教育研究学术理论刊物，用于开展高等教育研究，报道广东及全国高等教育理论研究和高等教育改革发展的成果与信息；辟有教育管理、理论探索、学位与研究生教育、比较教育学、高校科研、留学生教育、课程与教学、教师与学生、高职教育、教育史研究等栏目。

20.《大学教育科学》

湖南大学、中国机械工业教育协会主办，国际标准刊号为 ISSN 1672–0717，国内统一刊号为 CN 43–1398/G4。

《大学教育科学》属于高等教育学术刊物，其将理论探讨与应用研究相结合，为高等教育的改革与发展服务；主要栏目有教育前沿、教育札记、教育虚实、教师生涯、教育史苑、教育广角、书院讲坛、经典作品等。

21.《中国大学教学》

高等教育出版社有限公司主办，国际标准刊号为 ISSN 1005-0450，国内统一刊号为 CN 11-3213/G4。

《中国大学教学》属于综合性高等教育教学刊物，倡导先进教育教学理念，服务高等学校教学改革；辟有专家论坛、论教谈学、文化素质教育、人才培养模式与教学模式、学科与专业建设、教学方法与手段、调查与研究、教学管理、实验与实践教学、教材建设等栏目。

22.《思想政治教育研究》

哈尔滨理工大学主办，国际标准刊号为 ISSN 1672-9749，国内统一刊号为 CN 23-1076/G4。

《思想政治教育研究》属于思想教育学术性、指导性刊物，重点刊登高等学校思想政治工作方面的学术性文章，探索新时期思想政治教育的特点和规律，研究新形势下思想政治工作的热点、难点问题；辟有学科建设、社会主义核心价值观研究、理论园地、党建研究、马克思主义理论研究、思想政治理论课教学、网络思想政治教育、德育研究、辅导员队伍建设等栏目。

23.《高教发展与评估》

武汉理工大学、中国交通教育研究会高教研究分会、中国高等教育学会教育评估分会主办，国际标准刊号为 ISSN 1672-8742，国内统一刊号为 CN 42-1731/G4。

《高教发展与评估》以传播高等教育研究成果为主，探讨国内外高等教育评估的理论与实践，为发展和繁荣我国高等教育研究事业，逐步建立和完善中国特色高等教育质量保障评估体系服务；设有发展论坛、高校科研评价、评估视点、质量与效益、历史与展望、比较高等教育、德育教育、教师教育、学位教育、高职教育、教育理论与实践、研究生教育、名人思想回眸等栏目。

24.《黑龙江高教研究》

哈尔滨师范大学、黑龙江省高教学会主办，国际标准刊号为 ISSN 1003-2614，国内统一刊号为 CN 23-1074/G4。

《黑龙江高教研究》属于高等教育学术理论刊物，发表高等教育改革与发展的理论研究文章和具有普遍指导意义的经验总结，报道高等教育前沿学术动态，提倡不同学术观点的讨论与争鸣，重视扶持高教界的青年作者；辟有博士论坛、高等教育理论研究、大学治理、教育经济学、比较高等教育、改革与发展、教师教育、人才培养、德育与思想政治教育等栏目。

25.《中国高校科技》

教育部科技发展中心主办，国际标准刊号为 ISSN 2095-2333，国内统一刊号为 CN 10-1017/N。

《中国高校科技》属于高校科技刊物，主要刊登高等院校科学技术研究与发展管理方面的学术论文；辟有战略研究、科研管理、协同创新、科教融合、知识产权、高职院校、评价与发展、转化与服务、案例与研究、产业趋势、创新创业、信息化建设、园区建设栏目。

26.《职教论坛》

江西科技师范大学主办，国际标准刊号为 ISSN 1001-7518，国内统一刊号为 CN 36-1078/G4。

《职教论坛》属于职业技术教育专业刊物，以传递职教信息、交流职教经验、促进职教研究、推动职教发展为宗旨，注重科学性、指导性和可读性。

27.《职业技术教育》

吉林工程技术师范学院主办，国际标准刊号为 ISSN 1008-3219，国内统一刊号为 CN 22-1019/G4。

《职业技术教育》属于职业教育专业刊物，用于宣传国家职业技术教育的方针政策，研究国内外职业教育、课程开发、教学改革、教材教法、实习培训、学校管理及学生求学、谋职等问题，探讨职业教育改革的热点。

28.《中国职业技术教育》

教育部职教中心研究所、中国职业技术教育学会、高等教育出版社、北京师范大学主办，国际标准刊号为 ISSN 1004-9290，国内统一刊号为 CN 11-3117/G4。

《中国职业技术教育》主要用于宣传国家职业技术教育方面的方针政策，介绍并交流全国各地职业技术教育办学经验和发展现状，开展教学、教研、培训与就业方面的研究与探索。其上旬、中旬、下旬内容分别为综合、教学和理论。

29.《中国远程教育》

国家开放大学主办，国际标准刊号为 ISSN 1009-458X，国内统一刊号为 CN 11-4089/G4。

《中国远程教育》属于广播电视教育专业理论刊物，用于宣传国家关于现代远程教育的方针政策，反映中国现代远程教育改革与发展进程，展示国内外远程开放教育理论与实践研究的最新成果，介绍国内外广播电视教育现状，交流办学经验，开展电大教育理论的研究和探讨。

30.《教育与职业》

中华职业教育社主办，国际标准刊号为 ISSN 1004-3985，国内统一刊号为 CN 11-1004/G4。

《教育与职业》属于职业教育专业期刊，用于报道部委政策精神，研究职教理论，分析职教走势，探讨职教热点，传递海内外职教信息，反映社会职业需求，立足中国教育改革和发展的实际，面向各级各类职业教育院校、民办学校和企业培训中心；刊登有关教育与职业方面的综合内容，反映职业教育、高等教育、成人教育、民办教育、职业培训等领域的前沿资讯，探讨当前社会关注的重大教育问题，报道教育改革方面的最新研究成果；辟有研究与探索、教育管理、德育研究、职业指导、师资建设、学科教育、教法研究、交流平台、课程与教材等栏目。

第二节　编辑眼中的好文章

大多编辑认为，很多文章的通病主要表现为平庸而无新意、大而空洞、赶时髦而又不切实际等，同时普遍认为文章的高标准是观点新颖、逻辑严密、条理清晰、文字简洁、细节严谨等。为此，《探索与争鸣》杂志社编辑杨成义先生应编者之邀，专门与大家谈谈"编辑眼中的好文章"这一话题。[①]

笔者从事编辑工作时日尚浅，远远称不上对好文章有所感觉。虽然如此，但因为工作单位的关系和工作性质的缘故，也接触过不少学界名家、青年才俊，对他们的精彩之作心向往之。下面就从一名学术期刊小编的角度，围绕这个话题向学界朋友抛砖引玉。

第一，不打无准备之仗。所谓庙算者多胜。在写文章之前，需要充分考虑各方面因素。这一问题在学界是否已有充分讨论？作为论文，话题会不会太大或太小？相关材料是否已经齐备？文章主题是否有一定的创新性？本人的写作水平能否驾驭？对于这些问题，如果不能得到满意的解决，宁可搁笔。一篇文章在获取学界认可之前，尤须作者本人确认其为心血之作而非滥竽充数。

第二，找准定位，定向投放。实现学术价值的渠道不可胜数，仅以期刊为例，当前国内各类杂志有近万种，南京大学中国社会科学研究评

---

①该部分为《探索与争鸣》编辑部杨成义先生根据自身的编辑工作经历而作。在此，感谢百忙之中的杨先生对本书编写工作给予的倾心支持。

价中心组织评定的 CSSCI 来源学术期刊就有 567 种。如此之多的刊物，各有其风格定位：有的期刊深研专业问题，有的强调话题公共性，有的习惯组织专辑，有的重视青年投稿。即使同一期刊，不同时期亦有选题侧重的差异。因此，写作者需要慎重把握，有针对性地进行选择，尽量避免"海投"。

第三，探索学术前沿，强化问题意识。不论何种类型文章，总需探究新问题、开辟新路径，才能站在学术高地。即使文章只是讨论一个小的学术点，也须以小见大，折射出更高层面的学理价值，这样才能使审读者眼前一亮，产生进一步研究文章内涵的动力。

第四，力避学术"泡沫化"和"流水线化"。由于种种原因，当前学术论文低水平重复的现象层出不穷。比如，2020 年新冠肺炎疫情之后，笔者所在期刊的编辑部就收到了大量与疫情有关的投稿，其中存在许多重复内容和"泡沫"。如关于"谣言"的文章，几乎都会涉及"网络""治理""机制""媒体"等关键词。尽管内容上紧随热点，但其主旨理论高度同质化、模式化，缺乏新意。

第五，从"追逐热点"到"制造热点"。如上所述，围绕热点撰文，表面上回应了现实与体现了社会关怀，但如无实质上的创新，其实不过是一种学术资源的浪费。与此相反，成功的学术研究往往能够根据自身创见，主动设置议题，提出一系列标志性概念，将其打造成"热点"，促使后来者围绕其进行新的研讨。学界先贤多精于此道，如顾颉刚先生之"层累古史"，费孝通先生之"差序格局"，皆是如此，为我们树立了榜样。如果今天的研究者能围绕前沿重大问题，依托创新思考，不断提出新的概念、理论、路径，其前途必定不可限量。

第三节 论文审稿与编发流程

为确保正确的政治方向，打造特色和品牌，确保质量与及时出版发行，各刊物编辑部会制定严格的出版管理制度。在此，以《探索与争鸣》为例，就论文审稿与编发的基本流程进行较为详细的介绍。①

一、办刊方针

在上海市社联党组领导下，《探索与争鸣》编辑部以打造一流学术期刊为己任，始终坚持"思想温暖学术、学术关怀现实"的定位，坚守"学术为底、思想为旗"的方针，积极探索综合性学术期刊的差异化发展之道，强化"综合性、问题性、跨学科"的"有学术的思想"的发展路径。

在此基础上，《探索与争鸣》更加突出"五个意识"和"一个格局"。"五个意识"指：一是突出服务党和政府方针政策的大局意识；二是突出与学界共成长的团结一致的合作意识；三是突出以人为本的博爱意识；四是突出学术探索的先锋意识；五是突出思想争鸣的创新意识。"一个格局"指：更加明确"五位一体"的现代学术融媒体发展格局，即以纸刊为本，同步推进论坛、新媒体、丛书、青年四大期刊衍生品牌建设。

---

①本部分内容根据《探索与争鸣》编辑部提供的出版管理办法整理而成，在此向编辑部致以诚挚的谢意。

二、工作制度

（1）明确"三审"的意识形态责任。编辑部在三审过程中，应始终注意政治把关和政策导向，在意识形态方面保持高度敏感，将意识形态责任制落实到每一审级。

（2）专家政治审读制度。编辑部聘请两位在政治审读方面经验丰富的专家，每期刊物定稿前送两位专家进行政治审读，根据政治审读意见对文章进行相应处理。

（3）重大选题备案制度。凡涉及国家新闻出版总署规定的重大选题范围的文章，至少提前一个月向主管单位请示，主管单位审核同意后出版，如需要向有关部门备案，按相关规定执行，相关审核意见等资料留档备查。

（4）意识形态通气制度。编辑部每月召开通气会，及时传达中宣部和市委宣传部的最新工作部署和政策精神，涉及重大政治方面的选题及时向分管领导汇报。

……

三、审读机制

1."三审三校"制度

（1）任职资格。初审由取得初、中级出版专业技术人员职业资格证书者负责；复审由取得副高级及以上专业技术职称者或具有相当经验资历者负责；终审由主编负责。责编由取得中级出版专业技术人员职业资格证书者担任；执编统筹当期期刊工作，由取得副高级及以上专业技术职称者或具有相当经验资历者担任。

（2）审校规范。初审确认文章是否达到学术发表水平，必要时经专家匿名审稿认可，再进行查重后提交复审；复审确认文章的政治、学术和思想符合发表水平后提交终审；终审结合专家外审和政审意见，确认文章的政治、学术和思想符合发表水平后签发。责编负责文章的编辑整理和5次校对（常规3校、黑马校对、作者校对）；当期执编配合主编监督当期出版全流程，包括制定出刊进度表，联系制版和印刷，汇总政审和外校意见，核验刊物，制作差错表等；终审结束后，如有重大修订，责编须与主编和执编商定后再做处理。

（3）审校周期。来稿必复，稿件（包括网站投稿）的初审收到一个月内必须提交审读意见并反馈作者，初审合格的稿件提交复审，同时视情况提交匿名评审意见；复审收稿半个月内提交审读意见，终审收稿半个月内提交审读意见。具体编校时间严格遵照出刊进度表执行。

2. 匿名审稿制度

对需要提交专家匿名评审的稿件，由初审提交相关领域至少两位权威专家进行匿名审读；对于有重大分歧的稿件，由终审再次提交相关领域至少两位权威专家匿名审读后决议。鼓励编辑跨学科组稿，但在提交初审意见前，须同时提交至少两位权威专家的匿名评审意见。

四、日常管理机制

1. 工作例会制度

（1）……

（2）发稿会、评稿会。每月初合并召开这两个会议，由主编组织。发稿会主要交流新一期待发文章，形式上以编辑报题与主编点题相结合；评稿会主要评论过去出版的文章，形式上以编辑相互点评与主编点评相结合。

……

2. 档案制度

编辑部文件按照上海市社联档案管理相关规定分类整理归档，具体归档工作由编辑部档案管理员负责，编辑部主任监督审核。具体归档资料包括但不限于以下内容：

（1）纸质版分类存档……每期刊发文章的纸质评审表、原始稿、三校稿、外校稿、全年杂志合订本等。

（2）电子版整理归档……每期制版文件（含排版格式、单篇 PDF 格式、单篇 .TXT 格式、完整版 PDF 格式）……

……

五、编校流程进度表

为保证正常出刊，每期编校严格执行表 9-1 所示进度。

表 9-1　进度表

项目	时间	责任人
发稿 ①文章必须达到发表水平；②必要时经专家外审认可；③必须进行查重后再做提交	略	主编
初审 整理编稿，完成一篇提交一篇，英文文摘等同时提交，电子版发执行编辑备排	略	责编
复审 着重对文章的政治、学术和思想质量进行把关	略	副编审及以上或具有相当资历者

续　表

项目	时间	责任人
终审 着重政治审读和文章质量等，确定封二、封底等内容	略	主编
一校（通读）	略	责编
二校（通读）	略	责编
三校（对红）	略	责编
黑马	略	责编
外校（通读）	略	外聘中文校对
发回作者校对（通读）	略	责编
英文外校	略	英文外校
政治审读（通读）	略	外聘政治审读专家
整体审读（通读）	略	主编
通稿汇总（执行编辑）	略	执编
通稿审读	略	编辑部主任
通稿定稿	略	主编
出版检查后发行（全体）	略	全体
全流程把控	全时段	执编

当期执编负责全流程把控，包括制定出刊进度表，联系制版和印刷，汇总政审和外校意见，核验刊物，制作差错表等。

六、网络审稿进度表

自 2018 年 6 月 1 日起，《探索与争鸣》全面实行网站投审稿制度，具体分工如表 9-2 所示。

表 9-2　网站投审稿流程

项目	时间	责任人
网络投稿初审	收稿后一个月内	责编
网络投稿复审	收稿后半个月内	副编审及以上或具有相当资历经验者
网络投稿终审	收稿后半个月内	主编
网络投稿统计（审读篇数、录用篇数、修订篇数、退稿篇数等）	每月月底	专职负责人

注：①每稿必复；②初审必须在一个月内提交审核意见，提交复审、终审的稿件要附详细理由。

第四节　论文投稿的基本技巧

　　论文能否得到顺利发表，投稿环节非常重要。作者在投稿甚至在论文写作之前，就要关注自己的论文适合投向哪类期刊；也可关注一些意向期刊，根据其办刊特色、栏目设置、往期论文，分析判断文章特色、细节要求乃至编辑喜好，从而更好地确定论题、组织材料和撰写论文。同时，要了解和熟悉投稿路径与方法、期刊基本常识与期刊管理规范等内容，掌握鉴别期刊真伪优劣的基本方法。

一、掌握报刊的基本常识

　　报刊是报纸和期刊的统称，有公开报刊和内部报刊之区分。公开报刊统一由国家新闻出版主管部门负责审批；内部报刊则由各省区市新闻出版主管部门负责审批并给予一个内部准印证号。无论是公开报刊还是内部报刊，都须接受新闻出版管理部门组织的年度检查，如果年度检查结果为不良，该报刊就会被责令限期整改，甚至被吊销刊号。

　　经国家新闻出版署批准举办的国内公开报刊，均会取得一个连续出版物编号，这就是通称的"国内统一刊号"，即"CN"号。国内公开报纸只有一个国内统一刊号，而公开期刊则可有两个刊号，即国内统一刊号和国际标准刊号，但取得国内统一刊号是先决条件，国际标准刊号非必备。国内统一刊号的编制是有规律可循的，统一格式为"CN××－××××/×"，即 CN 后一个两位数、一条连接短线和一个四位数，再加斜杠和一个英文字母（有些缀有阿拉伯数字）。其中，"CN"代表中国；前两位数字的第一位为地区代码，第二位为省区市代码；后四位数是省级单位国内连续出版物的序号，其中0001—0999、1000—5999、6000—8999、9000—9999分别为报纸、纸质期刊、网络出版物和电子出版物的序号。斜杠后面的英文字母和数字（数字不一定标注）则是学科代码，其中英文字母代表学科类别。如《中国社会科学报》的国内统一刊号是"CN 11-0274"，第一个"1"代表华北地区，第二个"1"代表北京市，"0274"代表其在北京市报纸中的连续编号；《文史知识》的国内统一刊号是"CN 11-1358/K"，第一个"1"代表华北地区，第二个"1"代表北京市，"1358"代表其在北京市期刊中的连续编号；"K"是学科代码（史地）。

有些期刊还会在该期的目录页下方标注期刊基本参数。期刊基本参数的标识次序及所指内涵依次是国内统一刊号、创刊年、出版周期代码、开本、本期页码、语种代码、载体类型代码、本期定价、本期印数、本期文章总篇数、出版年月，各要素之间用"*"隔开。参数前以"期刊基本参数："或"〔期刊基本参数〕"作为标志，如2007年第9期《学术月刊》杂志，就标识为"期刊基本参数：CN 31-1096/C*1957*m*A4*160*zh*P*￥16.00*4000*22*2007-09"，具体内涵为：《学术月刊》的国内统一刊号是CN 31-1096/C，创刊于1957年，月刊，A4开本，160页，中文，印刷版，定价为16元，印数为4000本，本期有效论文共22篇，出版时间为2007年9月。

二、掌握判别期刊真伪的基本方法

因为市场存在需求，假期刊一度泛滥成灾，曾使大量不明真相的作者蒙受损失，甚至有作者因被发现并查实在非法期刊发表论文而被取消职称资格。

假期刊一般有以下几种情况：第一种是根本没有获得国家出版管理部门批准的非法期刊；第二种是盗用正式期刊刊号的非法期刊；第三种是某些正式期刊为非法牟利而采用的阴阳版期刊，其中的阴版（俗称地下版）就是非法期刊，该版只有"发表"文章的作者才能拿到，他人根本无法从正常渠道获得。

国家扫黄打非办为了净化期刊市场，曾对非法刊物组织开展过多次集中打击行动，但由于巨大的利益驱动，这种现象屡禁不止。正因为如此，作者在投稿前需要对期刊的真伪做出鉴别，以免造成不必要的损失，甚至作为"受害者"而被冤枉地列入"学术不端"行列。鉴别期刊真伪主要有以下方法：

第一，根据刊号判断。如前所述，我国公开刊物的刊号是有规律可循的，其中的地区代码是根据我国传统的六大区即华北、东北、华东、华中/华南、西南、西北而确定的，依次为1，2，3，4，5，6（见表9-3）。由此可见，"CN"后面的第一位数字若为7，8，9，0的话，就可以直接将其判定为假刊物。作为代表省区市的第二位数字，绝对不会大于所在地区的省份数，如华北地区总共有5个省区市，则第二位最大的数就是"5"，如果发现如"CN 16……"的期刊，也可直接将其判定为假刊物，"CN 24……"也都是如此，因为东北地区只有3个省。同时，我国的刊物一般来说不得异地举办，如国家新闻出版总署批给浙江省的刊物，一般不会出现在其他省份。只有重庆市的一些期刊，第二位数字与四川省相同，这是历史遗留问题；重庆升格为直辖市之后新办的期刊，刊号就成了"CN 50……"，从中也可知，刊号中第二位数字为"0"的只有重庆市。曾有一段时间，标有"CN（HK）"之类的"期刊"大肆招摇过市，且以内地和香港联办刊物自居，蒙骗了一大批作者，其实这样的期刊根本就没有存在过。

此外，也要关注一下学科代码，如果将一份教育类期刊标识为"K"，就可直接断定这是假期刊，因为"K"代表的是历史 / 地理类学科期刊；如果一份艺术类期刊被标识为"S"，也可直接断定其为假期刊，因为"S"代表的是农业科学类学科期刊（期刊学科代码见表9-4）。

有些期刊论文发表时，还会标有文献标识码（见表9-5）。

表9-3　六大区的刊物刊号前两位编号（CN××）一览表

地区	省份	CN××	省份	CN××	省份	CN××	省份	CN××	省份	CN××	省份	CN××	省份	CN××
华北	北京	CN11	天津	CN22	河北	CN13	山西	CN14	内蒙古	CN15			—	
东北	辽宁	CN21	吉林	CN22	黑龙江	CN23				—				
华东	上海	CN31	江苏	CN32	浙江	CN33	安徽	CN34	福建	CN35	江西	CN36	山东	CN37
华中 / 华南	河南	CN41	湖北	CN42	湖南	CN43	广东	CN44	广西	CN45	海南	CN46	—	
西南	重庆	CN50	四川	CN51	贵州	CN52	云南	CN53	西藏	CN54			—	
西北	陕西	CN61	甘肃	CN62	青海	CN63	宁夏	CN64	新疆	CN65			—	

表9-4　刊号学科分类代码一览表

代码	学科	代码	学科
A	马列主义、毛泽东思想、邓小平理论	Q	生物科学
B	哲学、宗教	R	医药、卫生
C	社会科学总论	S	农业科学
D	政治、法律	T	工业技术
E	军事	TB	一般工业技术
F	经济	TD	矿业工程
G	文化、科学、教育、体育	TE	石油、天然气工业

续　表

代码	学科	代码	学科
G0	综合性文化	TF	冶金工业
G1	世界各国文化与文体事业	TG	金属学与金属工业
G2	信息与知识传播	TH	机械、仪表工业
G3	科学、科学研究	TJ	武器工业
G4	教育	TK	能源与动力工程
G8	体育	TL	原子能技术
H	语言、文字	TM	电工技术
I	文学	TN	无线电电子学、电信技术
J	艺术	TP	自动化技术、计算机技术
K	历史、地理	TQ	化学工程
N	自然科学总论	TS	轻工业、手工业
O	数理科学和化学	TU	建筑科学
O1	数学	TV	水利工程
O3	力学	U	交通运输
O4	物理学	V	航空、航天
O6	化学	X	环境科学、安全科学
O7	晶体学	Z	综合类
P	天文学、地球科学		

表 9-5　文献标识码一览表 [①]

文献标识码	文献（资料）类别
A	理论与应用研究学术论文（含综述报告）
B	实用性技术成果报告（科技）、理论学习与社会实践总结（社会科学）
C	业务指导与技术管理性文章（包括领导讲话、特约评论等）
D	一般动态性信息（包括通讯、报道、会议活动、专访等）
E	文件、资料（包括历史资料、统计资料、机构、人物、书刊、知识介绍等）
Document code	英文文章

---

①本表根据中国学术期刊（光盘版）编辑委员会于2006年6月修订的《中国学术期刊（光盘版）检索与评价数据规范》（CAJ-CD B/T1—2006）整理。

第二，从国家新闻出版总署网站查询相关刊物信息。进入国家新闻出版署网站首页（http：//www.nppa.gov.cn/nppa/index.shtml），从"从业机构和产品查询"处点击进入"期刊/期刊社"或"报纸/报社"，输入媒体名称（期刊或报纸名称）和验证码，如果被查询的对象是真实的，点击搜索后，列表中就会显示"媒体信息（如《浙江社会科学》）、刊号（33–1149/C）、类别（期刊）"等内容，再点击"查看详情"，就会显示更多内容，如主管单位、主办单位、语种等。如果未能显示这些内容，说明被查询的媒体是不存在的，至少值得怀疑。

此外，了解和掌握《期刊出版形式规范》（见附录）的有关规定，也有利于作者有效鉴别期刊的真伪性。

三、关注和了解报刊的重要特色

关注和了解报刊的重要特色，对提高投稿命中率（或录用率）大有裨益。作者可着重从以下方面关注和了解报刊的重要特色：刊物的性质（如是以理论研究文章为主还是以经验介绍文章为主，是综合性刊物还是单一学科性刊物，是学术类刊物还是普及类刊物，等等）、栏目设置（有无适合自己论文的相应栏目）、论文篇幅（如基本版面应不少于多少，最多版面以多少为限）、作者群基本结构（是以普通作者为主，还是以高级职称或高学历作者为主）。总而言之，文章一定要投对路子，否则，再好的论文也不可能发表。所以，在投稿甚至论文写作之前，就要做足必要的功课，即对论文的去向要有基本明确的判断，此所谓"磨刀不误砍柴工"，否则往往会做无效功。比如，辛辛苦苦写了一篇八九千字的论文，投到《人民日报》《光明日报》《中国社会科学报》等权威报纸，发表概率为零，因为报纸上的论文一般需要控制在2500字以内；反之，一篇三四千字的论文，投到《中国社会科学》《法学评论》《历史研究》等权威期刊，发表的可能性也几乎为零，因为篇幅太短。

四、关于期刊的级别问题

期刊的定级具有较强的人为因素，当然也都有相应的客观依据。比如，浙江省大多数高校的期刊定级标准参照的是浙江大学期刊定级标准，包括浙江省哲学社会科学规划课题的结题要求，关于论文发表的核心期刊也依据浙江大学期刊定级标准。浙江大学确定核心期刊的重要依据是：理工类为当年度中国科学引文数据库即 CSCD（核心版）收录期刊；人文社会科学类为当年度中文社会科学引文索引 CSSCI 来源期刊。以此为基础，浙江大学又结合各学科特点，筛选出若干在该领域学术影响力大的期刊作为一级期刊和权威期刊。值得指出的是，关于期刊级别的确定，不同地区、不同学校之间会有不同的标准。同时，完全根据期刊级别来判断论文的学术水平和学术贡献也未必科学、准确，这一点也已引起学界及有关部门的高度关注，正如历版《中文核心期刊要目总览》所强调的："核心期刊是一个相对的概念，是根据某学科论文的信息和使用情况在期刊中的分布状况，来揭示一定时期内某学科期刊的发展概貌，为图书情报界、出版界等需要对期刊进行评价的用户提供参考，不具备全面评价期刊优劣的功能，不能作为衡量期刊质量的标准，更不能作为学术评价的标准。"[1]但作为作者，对核心期刊的基本情况有一定的了解还是十分必要的。在此，就目前国内较有影响力的几大核心期刊检索系统做简要介绍。

---

[1]《中文核心期刊要目总览（2017年版）》，北京大学出版社2018年版，第98页。

目前，国内有多个核心期刊数据库，其中影响力较大、公认度较高的有中国科学引文数据库来源期刊、中文社会科学引文索引来源期刊、中文核心期刊、中国科技论文统计源期刊（又称中国科技核心期刊）、中国人文社会科学核心期刊等等。

1. 中国科学引文数据库来源期刊

中国科学引文数据库，英文全称为 Chinese Science Citation Database，简称 CSCD，由中国科学院文献情报中心创建，分为核心库（C）和扩展库（E），每两年遴选一次。每次遴选均采用定量与定性相结合的方法，定量数据来自中国科学引文数据库，定性评价则通过聘请国内专家对期刊进行评审。定量与定性的综合评估结果构成了中国科学引文数据库来源期刊。中国科学引文数据库具有建库历史最为悠久，专业性强，数据准确规范，检索方式多样、完整、方便等特点。《中国科学引文数据库（2019—2020年度）》收录了来源期刊1230种，包括中国出版的英文期刊229种（目前，中国内地出版431种英文学术期刊），中文期刊1001种。[①]

2. 中文社会科学引文索引[②]来源期刊

中文社会科学引文索引，英文全称为 Chinese Social Sciences Citation Index，简称为 CSSCI。其于1997年由南京大学投资建设，南京大学中国社会科学研究评价中心开始开发、研制；1999年4月，南京大学与香港科技大学签订了两校共同研制、开发数据库的协议；1999年8月，教育部将"中文社会科学引文索引"列为重大项目，2000年投入使用；

---

①中国科学引文数据库2019—2020年来源期刊，https://www.sohu.com/a/311487763_726570。

②CSSCI.中文社会科学引文索引（CSSCI）简介（说明：本节内容主要根据此简介整理而成），https://cssrac.nju.edu.cn/cpzx/zwshkxywsy/sjkjj/20191231/i63997.html。

2007年，CSSCI扩展版数据库投入使用；2008年，CSSCI集刊数据库投入使用。CSSCI用于检索中文人文社会科学领域的论文收录和被引用情况，是一项凝聚国内学术界、期刊界、管理部门集体智慧的知识创新成果。CSSCI遵循文献计量学规律，采取定量与定性相结合的方法从全国2700余种中文人文社会科学学术性期刊中精选出学术性强、编辑规范的期刊作为来源期刊，目前最新目录为2019—2020年版。利用CSSCI可以检索到所有CSSCI来源刊的收录（来源文献）和被引用情况。

作为我国人文社会科学主要文献信息查询的重要工具，CSSCI可以为广大用户提供以下服务：对于社会科学研究者，CSSCI可以从来源文献和被引文献两个方面向研究人员提供相关研究领域的前沿信息和各学科学术研究发展的脉搏；通过不同学科、领域的相关逻辑组配检索，挖掘学科新的生长点，展示实现知识创新的途径。对于社会科学管理者，CSSCI可以提供地区、机构、学科、学者等多种类型的统计分析数据，从而为制定科学研究发展规划、科研政策提供决策参考。对于期刊研究者与管理者，CSSCI提供多种定量数据：被引频次、影响因子、即年指标、期刊影响广度、地域分布、半衰期等，通过多种定量指标的分析统计，可为期刊评价、栏目设置、组稿选题等提供定量依据。CSSCI也可为出版社与对各学科著作的学术评价提供定量依据。

3. 中文核心期刊 [①]

《中文核心期刊要目总览》由北京地区高等院校图书馆期刊工作研究会和北京大学图书馆于1990年共同发起研究和编制，1992年首版正式出版，每4年更新1次。2017年版（即第8版）的研究工作由北京大学图书馆和中国高等教育文献保障系统管理中心共同主持，北京大学图

---

① 本部分根据《中文核心期刊要目总览（2017年版）研究报告》整理而成。

书馆、中国人民大学图书馆、清华大学图书馆及中国科学院文献情报中心、重庆维普资讯有限公司、中国社会科学评价研究院、中国学术期刊（光盘版）电子杂志社、中国人民大学书报资料中心、中国科学技术信息研究所、北京万方数据股份有限公司、国家图书馆等 29 个单位的 126 名专家和工作人员参加，全国各地的 7941 位学科专家参加评审工作。它们主要运用分学科、多指标的综合评价，定量评价与定性评价相结合等方法。该版确定的学科类目为 78 个，分为哲学、社会学、政治、法律 /经济 / 文化、教育、历史 / 自然科学 / 医药、卫生 / 农业科学 / 工业技术等 7 个大编，共选出核心期刊 1983 种（1783 种与第 7 版相同），其中人文社会科学类期刊共 733 种，占 36.96%；自然科学类期刊共 343 种，占 17.30%；医药卫生类期刊共 255 种，占 12.86%，农业科学类期刊共131 种，占 6.61%，工业技术类期刊共 520 种，占 26.22%。

4. 中国科技论文统计源期刊 [①]

中国科技论文统计源期刊，由中国科学技术信息研究所受科技部委托而编制，最早发布于 1987 年，实行 3 年动态管理：3 年评定 1 次，1次评定 3 年有效。该研究所采用美国科学情报研究所《期刊引证报告》的模式，结合我国科技期刊发展实际，选择总被引频次、影响因子、平均引用率、基金资助论文比例等多种期刊评价指标。"统计源期刊"的选择和确定需要考虑学科及地区平衡，学术水平总体要求高于中文核心期刊。"统计源期刊"对中国广大科技工作者、期刊编辑部和科研管理部门快速地评价期刊、客观准确地选择和利用期刊提供了依据，为广大科研人员和科技期刊客观了解自身的学术影响力，提供了较为公正、合

---

① 百度百科.中国科技论文统计源期刊，https://baike.baidu.com/item/中国科技论文统计源期刊/3907867?fr=aladdin。

理、客观、科学的评价依据。

5. 中国人文社会科学核心期刊 [①]

中国人文社会科学核心期刊，英文全称为 Chinese Humanitiesand Social Sciences Citation Database，简称 CHSSCD，由中国社会科学院文献信息中心编制。

中国社会科学院文献信息中心于 1996 年开始进行人文社会科学文献计量研究工作，建有社会科学论文统计分析数据库、中国人文社会科学引文数据库、社会科学论文摘转量统计库。2000 年印制出版《中国人文社会科学核心期刊要览》（内部参考资料），于 2004 年正式出版发行。

该要览采用文献计量学方法，依据最新和最全的期刊各项统计数据进行分析，突出反映期刊的学术影响力。其选用有国内统一刊号的正式学术期刊，以《中国图书馆分类法》第 4 版的类目为期刊论文统计的学科分类基础，将我国的人文社会科学学术期刊分为 52 个学科类目，其中主要统计数据来源于全国报刊索引数据库、中国人文社会科学引文数据库、中国人文社会科学摘转率统计数据库等大型数据库。

五、了解和掌握投稿的基本路径 [②]

目前，论文的主要投稿路径有登录网上投稿系统、发送电子邮箱及提交纸质稿 3 种。当目标期刊确定后，作者可选择适合本目标期刊要求的路径进行投稿。

---

①李爱群：《中国人文社会科学核心期刊要览》，中国社会科学网，http://www.cssn.cn/xspj/bk/bk_ct/201407/t20140703_1239901.shtml。

②饶和平、裴丽萍、胡苏珍：《实用护理科研训练（第二版）》，浙江大学出版社2019年版，第102—103页。

1. 提交纸质稿

这是最传统的投稿方式，作者根据期刊要求投出纸质稿文章，一般一式两份，有些期刊要求作者在文章标题上加盖所在单位科研管理部门或业务管理部门的公章，按地址用挂号信投稿。当编辑部收到文章后会给作者回执或联系作者，杂志社与作者的联络均通过信件进行。这种方式十分传统，效率也较低。目前，仍有少数期刊只采用这种单一投稿方式，因此，作者在投稿前要认真阅读投稿须知或稿约内容。随着信息化的发展，这种投稿路径将逐渐减少。

2. 电子稿

通过期刊公布的编辑部专用投稿电子邮箱进行投稿，是目前很多杂志社通用的做法，这种方式具有快捷方便的优点，其间编辑部与作者的交流均通过电子邮件来完成。需要提醒的是，投稿的电子邮箱必须是杂志社公布的，以防获取假的邮箱地址。正确的方法是通过官方找到相关的电子邮箱信息，一般在目标期刊的第一期或最后一期。

3. 网上投稿系统

在高度信息化的当下，由于投稿量及信息量都比较大，许多杂志社开发了网上投稿系统，这是目前最先进的投稿路径。其最大特点是作者投出稿件后，可以在投稿平台观察到编辑部审稿的进展、结果等动态变化，从而拉近了编辑部与作者的距离，也大大提高了审稿的效率。

大多数期刊的网上投稿系统或网上投稿平台的流程如下：进入网页—输入用户名与密码（如果是第一次投稿，首先进行注册）—选择投新稿—输入标题—选择论文类型—输入作者信息—输入摘要—输入关键词—附上各种文件（投稿信、全文、图、表等，具体根据期刊的要求）—生成 PDF—检查是否有错—无错后确认投稿。

实例 9-1：网上投稿系统展示

《中华护理杂志》网上投稿系统（采编平台）

具体程序如下。

第一步（注册）：登录《中华护理杂志》的网址 http：//www.zhhl.cbpt.cnki.net—进入《中华护理杂志》采编平台—在作者投稿区点击注册—注册用户名和密码（已注册过的，则直接输入用户名和密码）—按照系统提示填写注册信息（标"★"号的信息必须填写，其他项目可在不影响您信息安全的条件下选择填写）。

第二步（投稿）：用您的用户名和密码登录后—进入作者工作区—点击上传稿件—按照系统提示填写相关信息（即可按提示逐项填写稿件信息）—上传稿件全文—点击预览稿件信息，确认无误后即可确认投稿。

第三步（查询）：用您的用户名和密码登录后—进入作者工作区—通过查询"我的稿件箱"中稿件的处理情况，可见"审理中""待修改""待确认校样""已发表""已退稿"等结果。

提醒：①投稿或查询稿件时均用此用户名和密码登录；②如发现《中华护理杂志》回复的意见方的地址非北京市地址，或有疑义时，请及时与我部联系。③凡网上投稿者，不必再以电子邮件或纸稿投稿。

总的建议是，先上网页浏览，了解期刊的具体要求。但是在作者信息栏，有些期刊仍需要许多信息，如作者的学位和电子邮件地址等。另外，附上各种文件，不同的期刊要求不一样，如：有的要求全文放于一个 Word 文件或 PDF 文件，有的要求图表分开，而且文件类型也不一样。

实例 9-2：投稿须知

《水土保持研究》投稿须知

《水土保持研究》由中国科学院主管，中国科学院水利部水土保持研究所主办，属地球科学的学术类期刊，创刊于 1985 年，双月刊，国内外公开发行。先后被编入《中文核心期刊要目总览》，"中国科技论文统计源期刊"（即中国科技核心期刊），《中国农业核心期刊概览2006》等，获2007年度陕西省科技期刊出版形式规范优秀期刊奖，2012年、2014年陕西省科技期刊优秀奖，2016年陕西省科技期刊精品奖。

本刊主要刊登水土保持和生态环境建设及相关学科、边缘学科、交叉学科的原创性学术论文，集中展示大型科研项目的研究成果。办刊宗旨为立足世界科学发展前沿，展示水土保持和生态环境建设方面的研究成果，兼顾理论探索与应用开发，开展地域与国际的学术交流，以不断创新为目标。

1. 篇幅及投稿方式

文章要求精炼，以4—5个印刷页为宜（约8000—10 000字）。投稿请登录我刊网站http://stbcyj.paperonce.org在线投稿。请完整填写文章所有作者姓名、姓名拼音、工作单位（中英文）、通信地址、邮箱地址，至少留有第一作者或通信作者的电话。标注的通信作者应与文章发表时标注的通信作者一致。

2. 文章格式

2.1 题名和作者

题名用词务必简明、准确、规范，不超过20个汉字，一般不用副标题，中英文题目应一致。多位作者（一般不超过6名）应注明通信联系人。所有单位要有准确的中英文名称、城市名称和邮政编码。

2.2 摘要和关键词

摘要须说明论文的目的、方法、结果（包括主要数据）和结论，着重于创新与发现，以300—400字为宜。关键词以3—8个为宜，规范、准确，中英文摘要及关键词须对应并同序。

2.3 中图分类号和基金项目

文章需注明"中图分类号",参见《中国图书馆图书分类法》(第5版),置于关键词下。正文首页左下角须注明论文基金资助项目及其编号。

2.4 正文格式与要求

引言:要明确提出科学问题,研究工作的目的、意义和背景及本项研究的主要任务。材料与方法:供试材料应提供名称、数量和制备方法。研究方法一般引用文献,如方法有改进则须说明,如果作者自己创新的方法则宜详述。结果与分析:提出观察和实验证据,力求简明扼要。讨论:提出实验结果所论证的原理、相互关系;阐明研究结果与前人的研究是否一致,有无创新,指出本实验的不足之处,以及未能解决的问题。

2.5 参考文献

参考文献一般不超过15个,未公开发表的文献或资料不得作为参考文献引用,如确需引用,需征得作者同意后在该页以脚注方式引用,有关著作权责任作者自负。参考文献序号的编排,按其在论文中出现的先后顺序编号,外国作者按姓前名后,且姓为全称并且首字母大写,名缩写但不加缩点,文献作者3人以上,只列出前3人,后用"等"或"et al."代替,文献著录格式如下:

(1)专著:著者. 书名[M]. 出版地:出版者,出版年:起止页码.
……

2.6 作者简介

篇首页下附第一作者简介及通信作者简介,内容包括:姓名(出生年—),性别,籍贯,学位,职称,研究方向,E-mail 地址及联系电话。

3. 图表要求

图、表力求精简,同一个数据不能以图、表的形式同时出现。要求论文插图宽度(包括纵坐标上名称、单位)半栏为70—80 mm,通栏

≤150 mm，图中主要文字字体用 8 磅宋体，图中注释文字（图例、图注等）用 7 磅宋体；插图高度无专门限制，作者可根据需要适当调整。论文中 Excel，Origin，SigmaPlot 等软件输出的插图要能在 Word 文件中编辑并带有数据源，ArcGIS 等软件输出的图片影像需清晰，反差适中，其中灰度图片、图例应能区分。表格尽量采用"三线表"，表中数据实测为零则计"0"，未测则计为"—"，其他均如实注明。

4. 计量单位、符号和学名

按国家计量局颁布的《中华人民共和国法定计量单位》使用，如 cm，kg，s，mol/L，Pa，J 等，且图表中复合单位一律使用负指数形式；国外地名以《世界地名手册》为准，国际组织名称以《联合国及有关组织机构译名手册》为准；文中首次出现的生物学名称要注明拉丁文学名，统计学常用符号及公式中的变量都要用斜体。

5. 稿件处理

编辑部在稿件登记入库后通过电子邮箱给所有作者发送收稿通知。上传的稿件内容最好是 Word 2003 格式（doc 格式），所投稿件在收到本刊的正式退稿信前请勿再投其他刊物，如因某些原因需要撤稿改投，请通知编辑部在系统中对稿件做相关处理后再改投，以免造成一稿多投的情况。对于刊出稿件，每文可赠送样刊 3 册。编辑部对采用的稿件可做必要的文字加工、技术处理和内容删节。

6. 文　责

作者来稿发表后，文章著作权归作者所有，其编辑版权属本刊所有。本刊有权将其编辑的刊物制成光盘版或被其正式出版的光盘版收录，对此作者如不同意应在投稿时向本刊声明，否则视为同意。

附　录

期刊出版形式规范 [①]（节录）

1. 期刊 CN（国内统一连续出版物号）

以 CN 为前缀，由 6 位数字（前 2 位为地区代码，后 4 位为地区连续出版物的序号）和分类号组成，是由新闻出版总署负责分配给一种期刊的唯一代码。

1.1 期刊 CN 规定

1.1.1 CN 执行《期刊出版管理规定》和 GB/T 9999—2001《中国标准连续出版物号》相关规定。

1.1.2 获得 CN 的期刊应持有新闻出版总署批准文件（2004 年以前批准的科技期刊持有科技部文件）、期刊出版许可证，并在新闻出版总署备案。

1.1.3 一个国内统一连续出版物号只能对应出版一种期刊，不得用同一国内统一连续出版物号出版不同版本的期刊。

1.1.4 CN 应印在期刊封面、版权页或封底上。

1.2 期刊 CN 准则

1.2.1 一个 CN 对应一种期刊唯一刊名，期刊更名、变更登记地（跨行政区域）应获得新的 CN。

[①]新闻出版总署：《期刊出版形式规范》，2007年4月12日，转引自《西安航空技术高等专科学校学报》2008年第26卷第1期。

1.2.2 一个 CN 只能出版一种期刊的一个版本。

1.2.3 不同文种、不同载体的期刊应分别有各自的 CN。

1.2.4 CN 编号后面不允许附加任何其他标识信息。

1.2.5 CN 分类号应以新闻出版总署批准文件为准，不能任意跨学科更改和刊印时省略。

1.2.6 期刊出版单位不得出售、出租和转让 CN 给其他期刊使用。

1.2.7 CN 应按规定格式和字体印在期刊封面、版权页或封底上。

2. 期刊 ISSN（国际标准连续出版物号）

以 ISSN 为前缀，包括一位校验码在内的 8 位数字。

由 ISSN 中国国家中心分配给每一种获得 CN 并公开发行期刊的唯一识别代码。

2.1 期刊 ISSN 规定

2.1.1 期刊社应持国家新闻出版总署批准创办期刊文件复印件、期刊出版许可证复印件和期刊出版登记表复印件，向 ISSN 中国国家中心申请 ISSN。

2.1.2 ISSN 执行《中国标准连续出版物号》和《期刊出版管理规定》相关规定。

2.1.3 获得 ISSN 的期刊应持有 ISSN 中国国家中心颁发的 ISSN 证书，并在该中心数据库注册。

2.1.4 ISSN 应印在期刊封面右上角、版权页或封底上。

2.2 期刊 ISSN 准则

2.2.1 获得 CN 并公开发行的期刊应申请 ISSN，期刊更名须获得新闻出版总署批准后申请新的 ISSN。

2.2.2 一个 ISSN 应与该刊的 CN 及刊名保持一致。

2.2.3 一个 ISSN 只能出版一种期刊的一个版本。

2.2.4 不同文种、不同载体的期刊应分别有各自的 ISSN。

2.2.5 ISSN 应按规定格式和字体印在期刊封面、版权页或封底上。

3. 期刊条码

出版物条码是由一组按 EAN 规范排列的条、空及其对应字符组成的、表示一定信息的出版物标识。期刊条码由前缀码 977（3 位）、数据码（ISSN 前 7 位）、年份码（2 位）、校验码（1 位）及附加码（2 位）组成，由新闻出版总署条码中心负责制作。

3.1 期刊条码规定

3.1.1 期刊条码执行《出版物条码管理办法》和 GB/T 16827—1997《中国标准刊号（ISSN 部分）条码》等相关规定。

3.1.2 期刊条码由新闻出版总署条码中心统一负责制作。

3.2 期刊条码准则

3.2.1 期刊条码应与该刊的 ISSN 及刊名保持一致。

3.2.2 一种期刊的条码只能用于一种期刊的一个版本，不同文种、不同载体的期刊应分别有各自的期刊条码。

3.2.3 期刊条码的附加码应与期刊出版的刊期和（或）出版的年份、月份或期号保持一致。

3.2.4 期刊条码可以通过相关设备识读。

3.2.5 期刊条码应印在规定的位置，印刷质量和色彩应清晰，并便于识读。

……

5. 期刊名称

期刊使用的名称，包括期刊中文刊名和外文刊名。

中文期刊使用中文刊名，刊名包括分册（分辑）刊名、不同内容版本刊名。

外文期刊使用相应语种刊名，刊名包括分册（分辑）刊名、不同内容版本刊名。

少数民族语文期刊使用相应语言刊名，刊名包括分册（分辑）刊名、不同内容版本刊名。

5.1 期刊名称规定

5.1.1 期刊名称执行《期刊出版管理规定》和《中国标准连续出版物号》的相关规定。

5.1.2 出版不同版本的期刊，须按创办新期刊办理审批手续。

5.1.3 期刊的外文刊名须是中文刊名的直译。

5.1.4 外文期刊封面上必须同时刊印中文刊名，少数民族文种期刊封面上必须同时刊印汉语刊名。

5.1.5 期刊名称应印在期刊封面、版权页等处。

5.2 期刊名称准则

5.2.1 期刊刊名由新闻出版总署批准并同时为该刊名分配 CN。一个刊名对应一个 CN 为一种期刊。

5.2.2 期刊刊名变更须经批准并获得新的 CN；未经批准不得在刊名中增加、删减和更改字词。

5.2.3 一种期刊不得以任何形式出版两种或两种以上期刊，不得使用同一个 CN 出版不同刊名的期刊，如：

（1）一种期刊不能以增加类似版别方式，分别出版两种或两种以上期刊。

（2）一种期刊不能以"社会科学版""自然科学版""教师版""学生版"等字样，交替出版两种或两种以上期刊。

（3）一种教育辅导类期刊不能分别使用"××年级""小学版""语文版""英语"等字样，出版两种或两种以上期刊。

5.2.4 期刊名称应出现在封面和版权页等处。

5.2.5 期刊刊名应明显于期刊封面的其他标志性文字。

5.2.6 期刊名称在封面、版权页、封底、书脊等处应保持一致。

5.2.7 期刊外文刊名的翻译应准确并与中文刊名保持一致，不能使用不相关的外文名称。

……

9.1 期刊出版标识规定

9.1.1 期刊出版标识执行《期刊出版管理规定》相关规定。

9.1.2 期刊须在封面的明显位置刊载期刊名称和年、月、期、卷等顺序编号，不得以总期号代替年、月、期号。

9.1.3 期刊应按批准的刊期出版。

9.2 期刊出版标识准则

9.2.1 每期期刊封面和版权页等处的年、月、期号标识不能省略。

9.2.2 期刊的年、月、期号标识可采用卷号和（或）总期号方式标识，凡采用卷和总期号标识的期刊，其卷号和（或）总期号应连续编排，不应随意更改，不得使用总期号和卷号代替年、月、期号。

9.2.3 同一期刊每年出版的各期不得分别独立设置编号体系交叉出版。

9.2.4 一种期刊的每一期应为一册。

9.2.5 任何期刊不得以不同刊期或增加刊期频率方式变相出版两种以上期刊。

9.2.6 期刊不得随意脱期出版，不应任意增减出版刊期。

9.2.7 同一期刊在每年度中的版式设计风格应基本保持一致。

9.2.8 同一期刊在每年度中各期的幅面尺寸应保持一致。

10. 期刊版权页

期刊出版情况的记录，列载供国家版本管理部门、出版发行单位、信息资源管理等部门使用的版本资料。

10.1 期刊版权页规定

10.1.1 期刊版权页执行《期刊出版管理规定》相关规定。

10.1.2 期刊版权页记录：期刊名称、主管单位、主办单位、出版单位、印刷单位、发行单位、出版日期、总编辑（主编）姓名、定价、国内统一连续出版物号、广告经营许可证号。

10.2 期刊版权页准则

10.2.1 期刊须设立版权页，版权页位于期刊正文之前，也可设在期刊封底上。

10.2.2 期刊版权页记录的各个项目应完整。

10.2.3 期刊版权页记录的项目应与封面或封底上记录的相同项目保持一致。

参考文献

［1］裴娣娜.教育研究方法导论［M］.合肥：安徽教育出版社，1995.

［2］林文勉，程克夷，程国安.基础写作辞典［M］.武汉：湖北辞书出版社，1989.

［3］胡东芳.教育研究方法：哲理故事与研究智慧［M］.上海：华东师范大学出版社，2009.

［4］中文核心期刊要目总览（2017年版）［M］.北京：北京大学出版社，2018.

［5］饶和平，裴丽萍，胡苏珍.实用护理科研训练（第二版）［M］.杭州：浙江大学出版社，2019.

［6］金生鈜.教育研究的逻辑［M］.北京：教育科学出版社，2015.

［7］徐公喜.世纪之交的朱子学［M］.南昌：江西人民出版社，2019.

［8］王扬南.全面提升职教科研服务高质量发展整体贡献力——基于《2019中国职业教育科研发展报告》［J］.中国职业技术教育，2020（12）：5-15.

［9］陈宝生.坚持政治建会 服务立会 学术兴会 科学治会［J］.中国教育学刊，2020（1）：5.

［10］吴佩林，蒲凤莲.三十年来的孔氏南宗研究［J］.浙江档案，

2020（2）：44-50.

　　［11］王乐勤，吴大转，胡征宇，等.基于键合图法的叶片泵启动特性仿真［J］.工程热物理学报，2004，25（3）：417-420.

　　［12］蔡德斌.科学、创新与求异思维［J］.民主与科学，2001（6）：16-17.

　　［13］刘明生，宋平.高校年轻教师为师之道［J］.教育研究，2010（1）：100-103.

　　［14］郭兆晖，钱雄峻，张弓.河长制在河流治污实践中存在的难题分析［J］.行政管理改革，2020（8）：50-55.

　　［15］顾永安.应用型高校推进专业集群建设的思考［J］.高等工程教育研究，2019（6）：92-98.

　　［16］罗筑华.科教融合的困境、潜因与对策［J］.中国高校科技，2020（7）：71-73.

　　［17］王芳，谭景辉.德国机构编制管理及其借鉴意义［J］.行政管理改革，2020（7）：83-89.

　　［18］严静峰.政府建构型市场经济的中国逻辑——改革开放四十年的反思［J］.浙江社会科学，2018（12）：4-15，25，155.

　　［19］王俊芳.撰写文献综述的基本要求［J］.教育科学研究，2004（6）：58-59.

　　［20］刘良华.教育叙事研究：是什么与怎么做［J］.教育研究，2007（7）：84-88.

　　［21］程方生.质的研究方法与教师的叙事研究［J］.江西教育科研，2003（8）：22-24.

　　［22］吴鹏，季丽珺，徐慧霞.优秀大学英语教师的成长历程与反思：一项叙事研究［J］.现代教育科学，2010（10）：1-6.

［23］吴锡标，张慧霞.孔氏南宗的符号特征与文化意义［J］.浙江社会科学，2010（7）：90-94.

［24］吴锡标.秉性刚直 精于书法的褚遂良［J］.文史知识，2000（3）：101-105.

［25］陈莉，俞林伟.代际视角下农民工婚育模式与婚姻满意度的关系研究［J］.浙江社会科学，2018（12）：77-85，157-158.

［26］他维宏.法祖宗、裨治体.宋代圣政编纂与经筵讲读［J］.历史教学问题，2019（6）：45-51，187.

［27］蔡先金.大学与象牙塔：实体与理念［J］.高等教育研究，2007（2）：33-38.

［28］朱国俊，吉龙娟，冯建军，等.鱼类通过混流式水轮机转轮时受压强及剪切损伤的概率分析［J］.农业工程学报，2019，35（2）：55-62.

［29］刘培林，刘孟德.发展的机制：以比较优势战略释放后发优势——与樊纲教授商榷［J］.管理世界，2020（5）：10，67-73.

［30］吴锡标.孔氏南宗的文化内涵及其传承机制［J］.探索与争鸣，2012（11）：86-90.

［31］石强.小型无人直升机超低空飞行时下洗流场数值分析［J］.排灌机械工程学报，2015，33（6）：521-525.

［32］吴鹤立.宁波海曙区化危为机 提升社区治理水平［C］//潘善新.民政工作文选（2002），北京：中国社会出版社，2020.

［33］于扬，王本余，李志兵.关于公共安全教育融入教师教育治理体系的反思［J］.黑龙江高教研究，2020（8）：116-120.

［34］侯桂红.落实历史解释素养的三个基本问题［J］.历史教学问题，2019（6）：130，153-159.

［35］李文广.黏油空化流动研究现状与展望［J］.排灌机械工程学报，2015，33（1）：1-9.

［36］阮巧玲.中学生历史语言的训练策略［J］.教学月刊（中学版），2010（1）：46-49.

［37］温家宝.再回兴义忆耀邦［N］.人民日报，2010-04-15.

［38］张玉良，李昳，崔宝玲，等.两相流离心泵水力输送性能计算分析［J］.机械工程学报，2012，48（14）：169-176.

［39］新闻出版总署.关于进一步加强学术著作出版规范的通知［Z］.2012-09-04.

［40］张凤梧.样式雷图档里的圆明园［J］.文史知识，2019（12）：21-31.

［41］王涛，尹小鹃.科研论文写作方法概述——论文写作的选题与框架［J］.统计与咨询，2018（1）：52-53.

［42］江霞.从信息意识与职业实践的契合点中寻找论文选题——撰写编辑学论文的体会［J］.编辑学报，2017（3）：296-298.

［43］王金涛.教育论文选题的跨界思维［J］.江苏教育，2017（30）：39-41，45.

［44］杨晓丽.社会科学类学术期刊投稿策略［J］.今传媒，2016，24（8）：132-133.

［45］张晓飞.关于学术文章写作的观念与规范的反思［J］.法学教育研究，2011，4（1）：212-220，414.

［46］王小菊，郭翠，何兴华，等.精品论文导读的选取与价值［J］.科学咨询（科技管理），2019（42）：97-98.

［47］新闻出版总署.期刊出版形式规范［S］.2007-04-12.

后 记

教育科研工作不仅是职业院校教师个人发展的需要，也是提高职业院校师资队伍建设水平、教育教学质量和学校整体水平的需要。因此，教育科研工作既是促进职业院校教师专业成长和发展的必由之路，也是教师工作的重要组成部分。开展项目（课题）研究是提升职业院校教师教育科研能力和水平的重要途径，论文则是教育科研成果的重要体现形式，项目研究水平与论文写作质量是职业院校教师教育科研能力和水平的重要体现。

纵观近年来职业院校的发展历程，对于学校和教师而言，对教育科研工作的重要性都已形成普遍共识。但就教育科研工作的层次、质量与水平而言，学校之间、教师之间参差不齐的现象相当突出。特别是对于刚刚入职的年轻教师来说，在从事教育科研工作方面面临诸多困惑。究其原因，一是年轻教师普遍缺乏较为系统和科学的方法指导，从而制约了他们教育科研能力和水平的提升；二是长期以来重课题申请和立项、轻研究过程和结题管理的现象未能从根本上得到改变，从而影响了教育科研层次与质量的提升。

可见，要切实提升职业院校教师的教育科研水平，加强对科研方法的有效指导显得十分迫切。本书编写的重要目的是通过具体的案例分析，深入浅出地揭示教育科研工作的基本规律和实用方法，增强教育科研工作的针对性和实效性，引导广大教师树立科学的教育科研理念，切实提升广大教师的教育科研能力和水平，从而积极推动职业院校教育科研整体水平和学校影响力的提升。

本书以职业院校青年教师（尤其是教育科研工作入门者）为主要读者，采用实用性理论介绍与典型性、代表性案例评析相结合的方法，突出实用性和可操作性原则，较为科学、系统、广泛地普及教育科研方法，既易于年轻教师入门，又利于促进其专业成长和发展。

全书分为上、下两编。上编为"教育科研项目的结题"，主要围绕结题目标的达成、结题报告的撰写、结题的申请和结题鉴定的组织等内容与环节，为广大青年教师扎实做好项目研究、完成既定任务和预期目标、提升成果层次和质量提供有效指导。下编为"教育科研论文的写作与发表"，主要围绕论文的选题与创新、类型与特征、写作与规范、投稿与发表等内容与环节，结合对典型案例的分析，阐释教育科研论文选题的基本原则、要求与方法，论文写作的基本要领、学术规范及论文修改提升与投稿发表的基本技巧，从而为广大青年教师的教育科研入门与科研素养的提升提供方法论指导和实践借鉴，不断助推职业院校教育科研水平的整体提高。

本书由衢州学院教授吴锡标负责统稿工作，具体编写任务分工如下：上编第一章与第三章由温州科技职业学院教授沈佩琼撰写，第二章与第四章由浙江经贸职业技术学院汪丽薇老师撰写。下编由吴锡标教授负责，其中第七章之第四节理论部分由衢州学院博士翁琴雅负责，第九章之第一节由衢州学院苑立军老师负责整理。

在本书编撰过程中，《探索与争鸣》编辑部提供了期刊管理办法相关资料，《论文审稿与编发流程》一节即据此整理而成；杨成义先生在百忙之中应邀撰写了《编辑眼中的好文章》一节，衢州学院张玉良、魏俊杰博士也为本书编写提供了许多帮助。在此，对他们的支持表示由衷感谢。书中援引了大量案例，在此，对所有原作者及相关期刊（社）一并表示感谢！

由于编者所涉具体学科和学术视野等方面的局限，本书不可避免地存在不足或不当之处，敬请读者批评指正。

编　者

2020 年 10 月 8 日